武士と大名の古文書入門

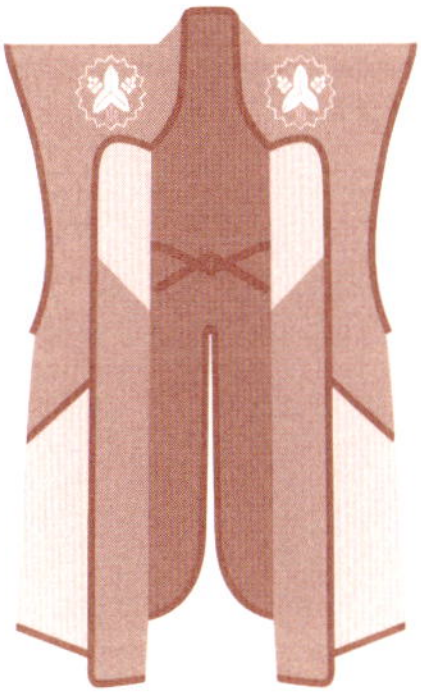

新井敦史 著

吉川弘文館［発売］
天野出版工房［発行］

はじめに

本書では、江戸時代の武士たちの暮らしや職務のなかで書かれ、今に残されてきた古文書を紹介し、くずし字の解説を行いながら、読者の皆様に武士の世界の一端を垣間見ていただくことを目的としています。主として下野国《しもつけのくに》北東部に位置する黒羽藩《くろばねはん》に関わる古文書を取り上げますが、これは同藩主大関《おおぜき》氏が改易《かいえき》（お家断絶）も転封《てんぽう》（国替え）もなく、約三百年間黒羽城を本拠とし続けるという、関東の外様《とざま》大名としては異例の経歴を有し、同家伝来の「大関家文書《もんじょ》」も比較的良好に伝存しているからです。

構成としては、「激動の幕末・維新期」「領内を治める」「様々な交流」「武家の重要文書」という四つの章を設け、合わせて十四点の古文書を配しました。十四点のうちの大部分は、「大関家文書」（約二千三百点）に含まれている古文書です。「大関家文書」は藩主大関家の子孫の方から寄贈されて、現在、大田原市黒羽芭蕉の館という資料館に収蔵されております。「大関家文書」以外では、交替寄合の旗本であります那須衆のはたらきに関わる古文書や黒羽藩士に関わる交通関係文書、さらには松尾芭蕉の『おくのほそ道』の一部分を取り上げています。もちろん『おくのほそ道』は文学作品でありまして、古文書とは呼びがたいのですが、その「黒羽」の章では黒羽藩士の姿を垣間見ることができますので、あえて取り上げた次第です。

さて、本書においては古文書一点ごとに図版を掲げ、解読文（釈文《しゃくもん》）と現代語訳・解説を提示した訳ですが、これから古文書の学習を始めようという初学者の方々にとっては、長文の解読文・現代語訳などはそれだけで高いハードルと見えてしまうのではないでしょうか。そこで本書では、一点の古文書を一行一行独立させて、各行ごとに改めて古文書の原文を掲げつつ、まず解読文と読み方を示し、その行に対応するだけの現代語訳を示すこととしました。そして一行に書かれている数文字ないし十数文字のくずし字について、一文字一文字丁寧に解説を施しながら、語句の意味や文法的なことなどもわかりやすく説明することに努めました。さらにそのあとに「解説」を設けて、あらためて一点の古文書全体の意味内容を確認し、その古文書が作成された状況（地域の状況や時代背景など）を解説することとしました。

　古文書を解読するためには、くずし字の判読力が求められるだけでなく、漢字の旧字体や異体字、旧仮名遣い、漢文的な読み方、当時使用されていた言葉の意味内容、時代背景、当該地域の歴史及び現況などについての知識が必須となります。それでもやはり中核をなすのは、くずし字を判読することですので、本書ではその点に力点を置いています。くずし字を読むためには、何と言っても慣れが必要で、多くの古文書を読んでいくことが重要です。その際まず、時として連綿と書かれている字のつながりにおいて、どこからどこまでが一文字なのかを判別し、一文字ずつ筆の運びがどうなっているのかということに注意を払って、凝視することが大切だと思います。「亻」《ぎょうにんべん》・「糸」《いとへん》・「言」《ごんべん》といった部首の典型的なくずしや「候」《そうろう》・「御」《おん》・「被」《らる》・「可」《べし》などの頻出語のくずしは覚えるようにしましょう。

　また、臨書《りんしょ》、つまり鉛筆や筆・筆ペンなどでくずし字の字体そのままに、筆の運びに注意してノートなどに書いてみることも大切です。だんだん古文書に慣れてきますと、パッと見、読めない字であっても、何度も臨書しているうちに判読できるということは多々あるのです。なお、古文書調査などで筆耕する（くずし字を楷書体に直して解読文をつくる）際に、その場で判読できない字については、そのくずし字体をそのまま臨書しておき、またあとで時間をかけて読んでみるのもよいと思います。

そのような訳で、本書では一文字ごとの解説をするなかで、古文書に頻出する語や重要語について、掲載写真を見るだけでは筆の運びについてわかりづらい字や典型的なものは、筆がどう入ってどのように運ばれているのか説明しています。本書は必ずしも第1章から読まなければならないということはなく、何章から、あるいは何点目の史料からお読みになってもご理解いただけるように、重複を厭わず、必要に応じて筆法の解説はそのつど行いました。

多くの方が本書によって、くずし字に慣れ、古文書の面白さを実感いただき、その古文書から垣間見える武士の姿や地域の歴史に興味を持っていただければ、望外の喜びです。

なお、初めに私に対して本書執筆の依頼があったのは二年前の二月のことで、小林聖夫《たかお》氏を介してのことでした。小林氏ご自身、黒羽藩の歴史にご造詣が深く、古文書入門書の執筆にも適任の方なのですが、私が大田原市黒羽芭蕉の館学芸員としての職務のなかで、平成十二年度以降毎年十回、古文書入門講座を開講し、「大関家文書」を紹介してきたことを評価され、私に本書執筆の機会をお与えいただいたのです。ここに記して感謝いたします。最後になりますが、小林氏ともども本書の構成などについて、的確なご助言・ご指導をいただきました天野清文氏にも御礼申し上げます。

二〇〇九年九月

新井　敦史

武士と大名の古文書入門●目　次

凡例

【史料図版】

1 史料は、「大関家文書」（大田原市黒羽芭蕉の館蔵）を使用した。その他の史料は、各図版の左下に所蔵者を明記した。

2 図版は可能な限り大きくレイアウトし、読みやすくした。

【解読文】

1 原則として常用漢字を使用した。

2 変体仮名は現代仮名に改めたが、助詞として使用する変体仮名（者＝は、茂＝も、江＝え、而＝て、与＝と、など）は、字母漢字を小さく右に寄せて表記した。

3 合字のゟ（より）は、そのまま表記した。

4 漢字の踊り字は「々」、平仮名は「ゝ」と表記した。

5 誤記と判断できる場合は、正しい文字を該当文字の下に小字で表示した。

6 適宜読点・並列点を施した。

7 読み方はすべて平仮名で表記した。前行・次行に掛る場合は〈 〉内に小字で記した。

8 複数の読み方が考えられるものは、最も一般的な読み方を採用し、その外の読み方は**【本文】**で解説した。

【現代語訳】

1 原文に沿うことを原則としたが、適宜語句を補ったり言い換えたりして、文意を明確にした。

2 原則として常用漢字、現代仮名遣いを使用した。

3 作成年月日・差出・宛所は適宜省略した。

【本文】

1 出来るだけ全てのくずし文字について解説するよう努めた。そのため、解説が重複するところがある。

2 運筆などくずし方を中心に、用字・用語に関して注意すべき点を指摘した。

3 旧字・異体字・変体仮名などについて解説した。

4 古文書用語・歴史用語については可能な限り説明文を入れた。

5 史料のくずし文字の解読はゴシック体で、その読み方は太い明朝体で表記した。

6 掲載史料以外からのくずし字の図版は、別の原史料から採字した。

7 古文書学に関わる用語は原則としてゴシック体とした。

【解説】

1 表記は、原則として常用漢字を使用し、常用漢字表にない漢字は正字体を使用した。また、送り仮名についても、常用漢字表にしたがった。ただし、歴史的用語については送り仮名を省略した表記も用いた。

2 国名・地名・人名・歴史用語などをはじめ、固有名詞・難読語句など、必要と思われる語彙には振り仮名を振った。

3 数字表記は原則的に単位付き漢数字を用いた（文化十二年・五百石など）。

第1章 激動の幕末・維新

1　水戸天狗党を斬る——浮浪相果御届

（元治元年〈一八六四〉十月二日）

⑤　④　③　②　①

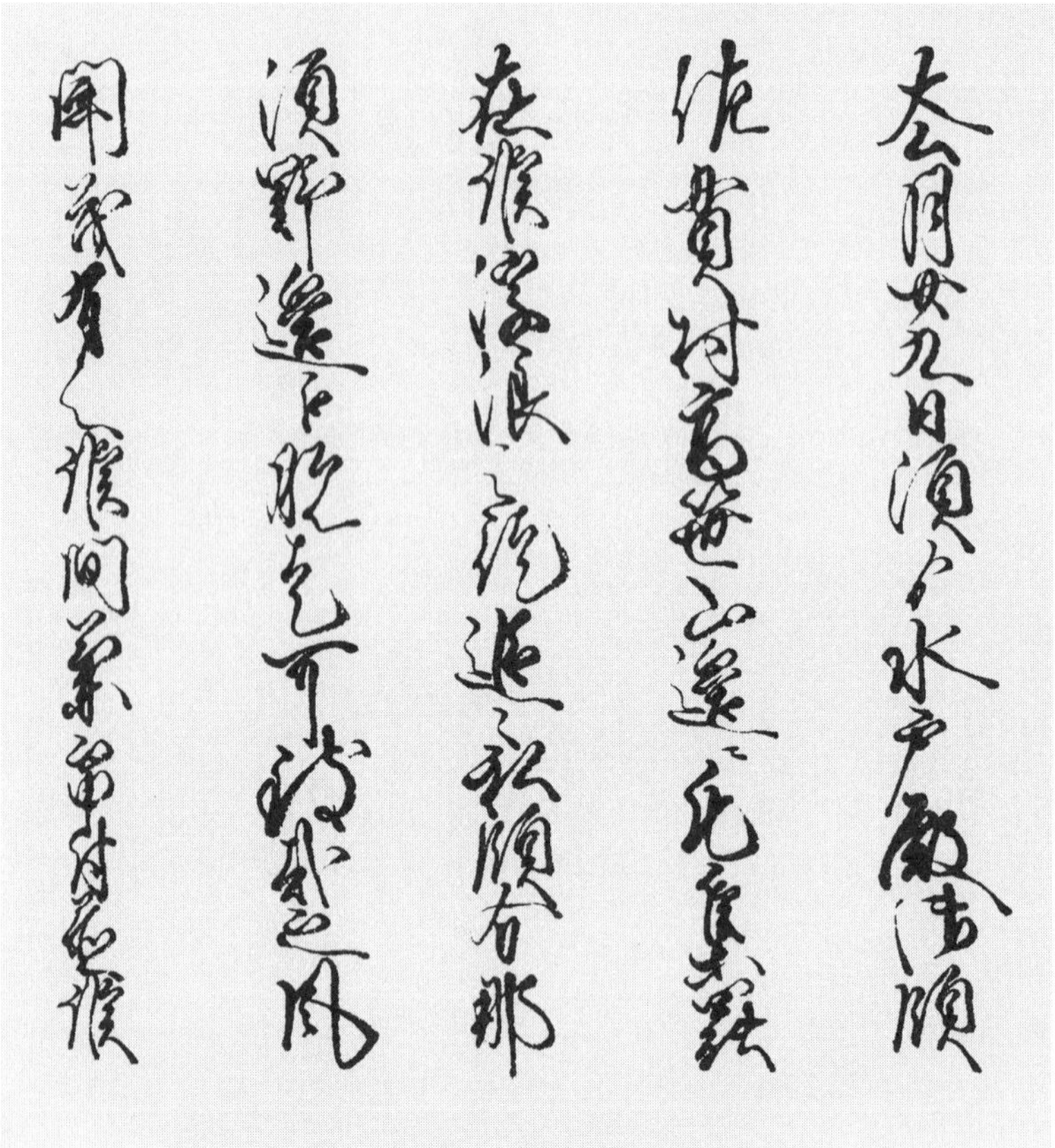

⑧ 取押首ニ□□□死骸ハ□召埋置

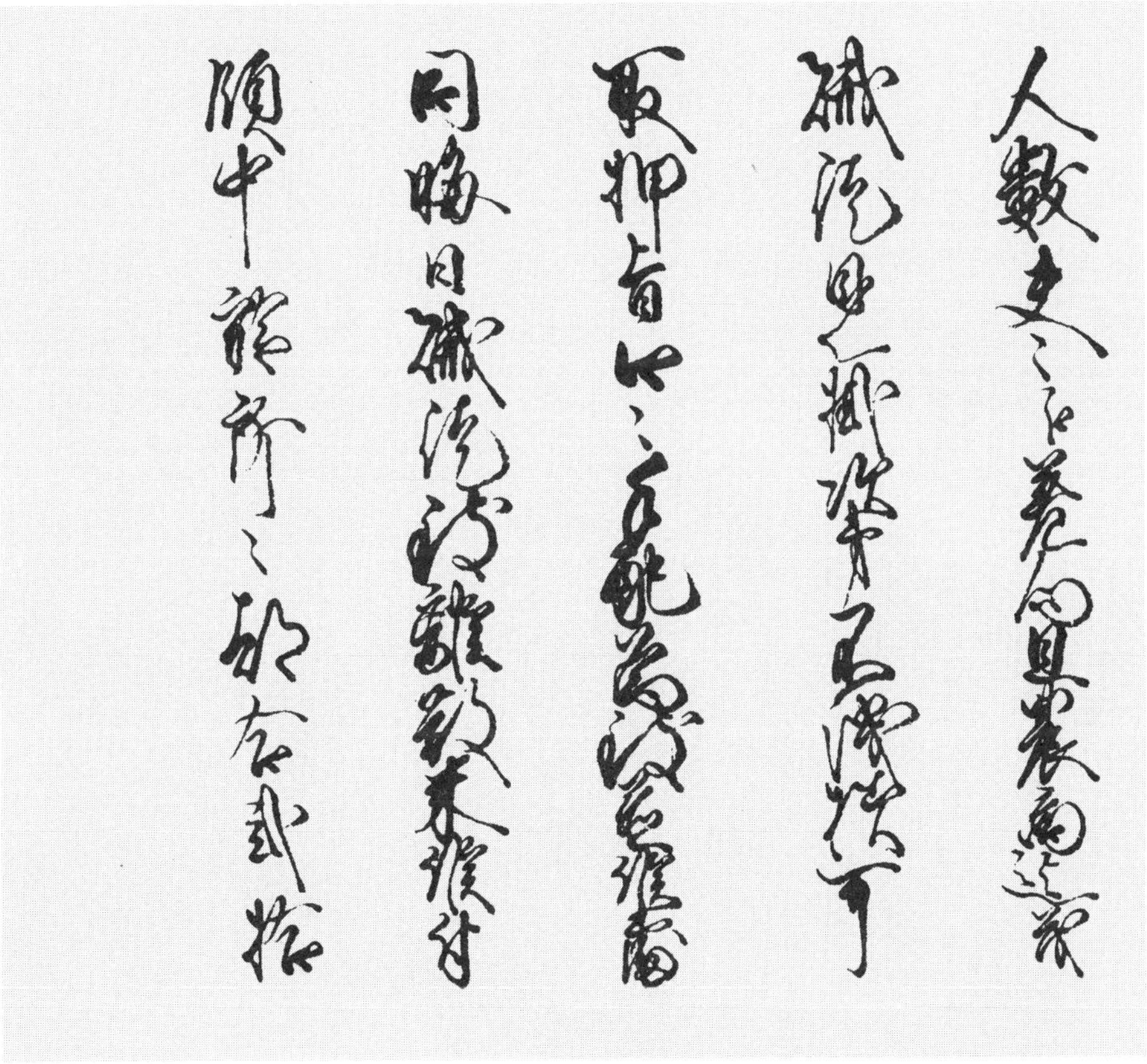

⑪ ⑫ ⑬ ⑭ ⑮ ⑯

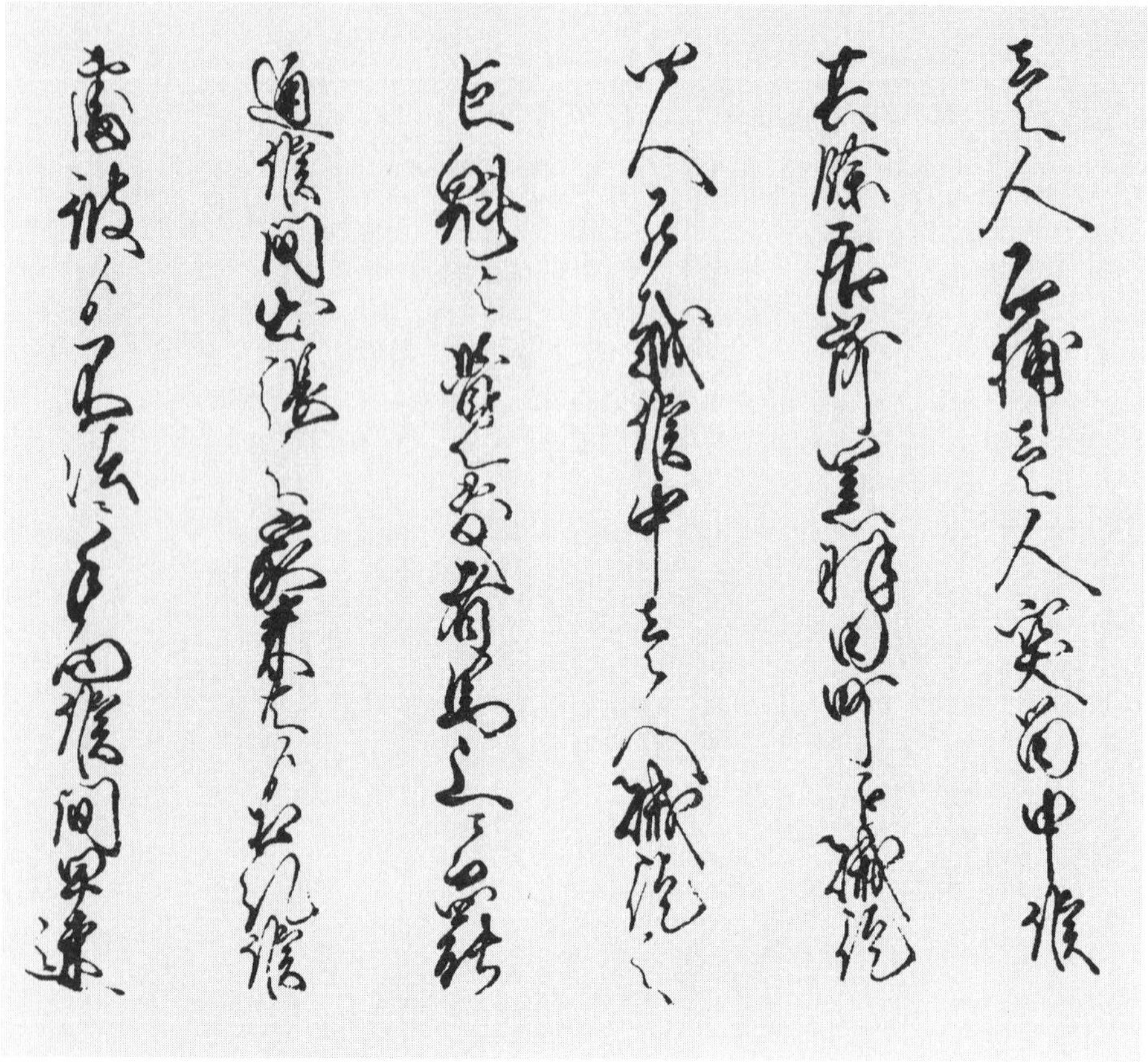

㉑　⑳　⑲　⑱　⑰

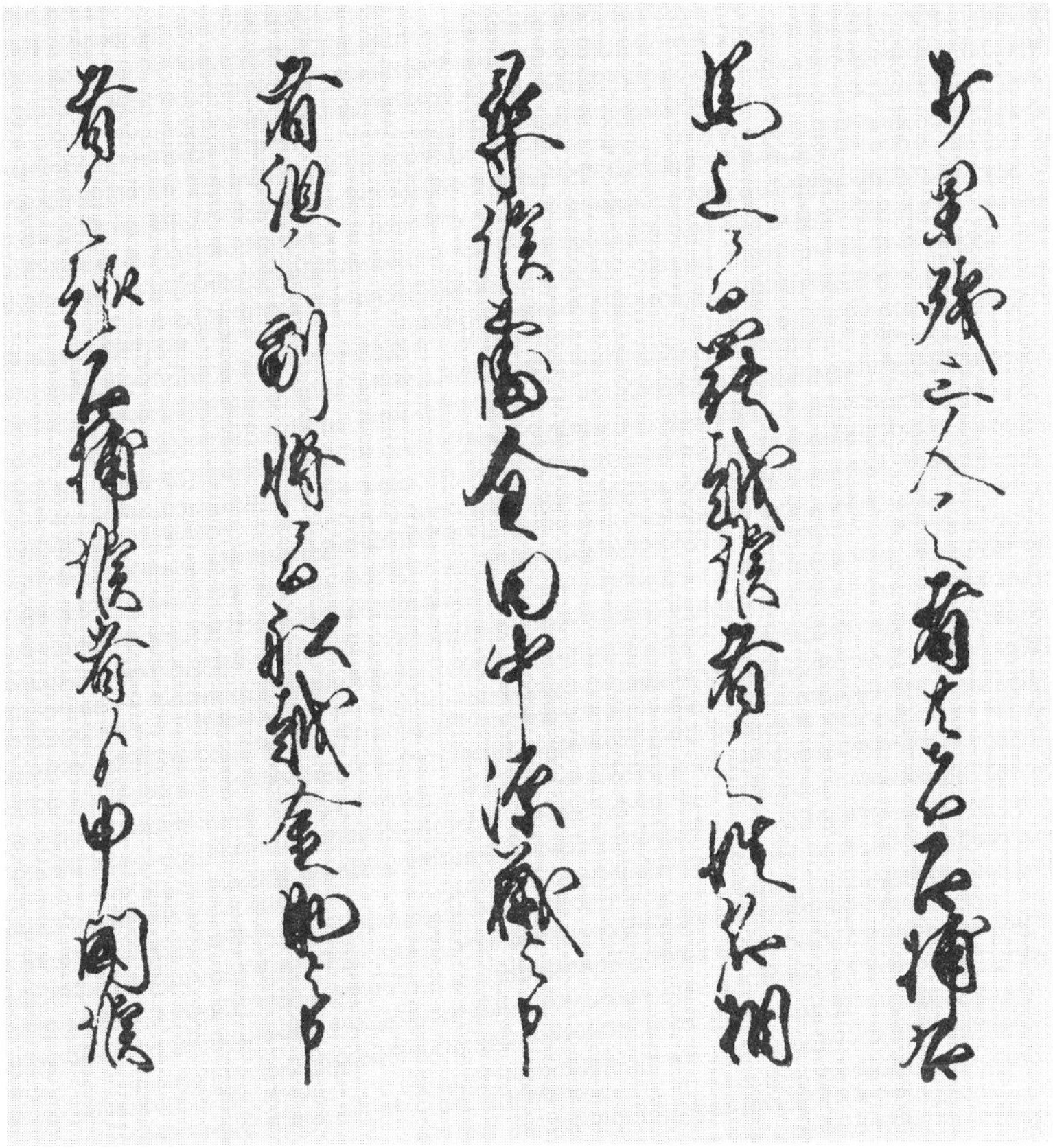

(後略)

【あらすじ】　水戸天狗党一派の黒羽《くろばね》藩内への侵入に備え、藩主大関増裕《ますひろ》は軍勢配備を行い、侵入者を捕らえ、また殺害した。黒羽城近くへも田中愿蔵《げんぞう》隊副将の船越金助が入り込んだため、殺害した。

①

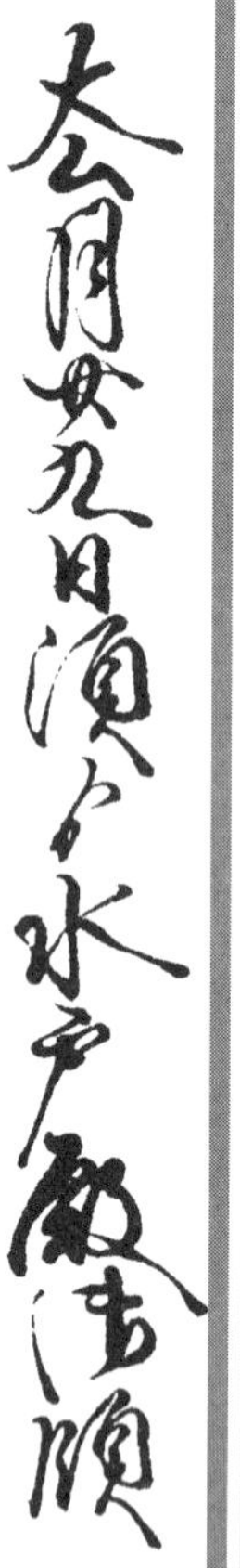

解読文　去月廿九日頃ゟ水戸殿御領　（さるつきにじゅうくにちころより　みとどのごりょう）

現代語訳　（元治元年〈一八六四〉）九月二十九日頃より水戸徳川家御領の

冒頭のは「去」という字の異体字《いたいじ》です。異体字とは、漢字や仮名の標準字体以外のものですが、近代以前においては、一つの字（漢字・仮名）を書くにも、今では異体字とされている複数の字体が存在していたのです。通常、異体字を翻刻する際には、常用漢字等の現在通用している字に直して表記します。「去月」は「きょげつ」または「さるつき」と読みます。は「廿《にじゅう》」です。「去月廿九日」は、元治元年（一八六四）九月二十九日（陰暦、以下同様）のことです。次のは「頃」です。偏《へん》（左側）のはこの部分だけを見ると、部首の「氵《さんずい》」のように見えますが、旁《つくり》（右側）が「頁《おおがい》」ですので、「氵」ではありません。は「よ」と「り」を一つに合わせて書く合字《ごうじ》「ゟ」で、「より」と読みます。は「殿」で、「水戸殿」は水戸藩主徳川氏に対する敬称です。は「御領《ごりょう》」です。は「御」の典型的なくずしです。「彳《ぎょうにんべん》」も「御」については、ほぼこのように書かれます。この字体は古文書に頻出しますので、ノートなどに鉛筆や筆ペンなどで何度も臨書して、慣れるようにしましょう。

は「領」で、「頃」同様、部首は「頁《おおがい》」ですが、偏《へん》（左側）は慣れないと難しいと思います。ただ、旁に「頁」が付く字でよく使われる字は、「領」や「須」「頭」「頃」「願」など、割と限られていますので、前後の意味や続き具合なども考えてみると、読みやすいかもしれません。

②

解読文　**佐貫村・高笹山辺ニ屯集罷（在）**（さぬきむら・たかささやまあたりにとんしゅうまかり〈あり〉）

現代語訳　佐貫村・高笹山あたりにたむろして（いる）

は「佐」です。偏《へん》のは典型的な「亻《にんべん》」です。は上のと下のが組み合わさった字で「貫」です。次のは「村」です。部首は「扌《てへん》」にも見えますが「木《きへん》」です。「佐貫村」は今の茨城県久慈《くじ》郡大子町《だいごまち》左貫《さぬき》に相当します。次のは「高」の左下の縦線（楷書体の六画目）を略して、くずした字体です。最後の「口」の部分（楷書体の八〜十画目）は、最後に筆がくるっと回った形で書かれていますが、よく見る形です。「高笹山《たかささやま》」は大子町の北部、茨城県と福島県の境に位置する標高九百二十二メートルの山です。次のは「邉」ですが、新字体（常用漢字）では「辺」です。右下に小さく（ニ）があります。これも一字です。は「屯集《とんしゅう》」で、「たむろすること」という意味です。行末尾のは、上の（罒《あみがしら》）と下の（能）から構成される「罷《まかり》」です。が「能」だと気付くには、慣れが必要です。よく見る字体ですので、徐々に慣れていきましょう。「罷」は通常そのあとに続く動詞と一緒になって、謙譲の意味を表わします。

③

解読文 **在候浮浪之徒、追々私領分那(須野)**（ありそうろうふろうのと、おいおいわたくしのりょうぶんな〈すの〉）

現代語訳 **(たむろして)いる浮浪の徒が、次第に私(大関増裕)の所領内の那(須野)**

すなわち、冒頭の（在候）に続いて、「罷在候《まかりありそうろう》」となるのです。「候《そうろう》」は古文書に頻出の言葉で、「あり」の丁寧語です。「あります、おります、ございます」といった意味で、「候」と書かれていれば、そこで一つの文が終わる、つまり現在の表記上では句点（。）が付くことが多いのですが、ここでは次の（浮浪之徒《ふろうのと》）に直接つながる言い方となっています。「**屯集罷在候浮浪之徒**」は、たむろしている浮浪の徒といった意味です。彼らは「天狗」あるいは「天狗党」と呼ばれた尊皇攘夷派の一団です。は「之」の典型的な書き方ですし、次の（徒）のは一つ点を打ってから「亻《にんべん》」につなげる書き方で、典型的な「彳《ぎょうにんべん》」です。何度も臨書して覚えるようにしましょう。は「追々《おいおい》」で、次第にという意味です。は**踊り字**といい、原稿用紙に書くときは一般的に「々」を用います。は「領分」で、（領）はすでに①に登場しています。

④

解読文 **(那)須野辺江脱走可レ致哉之風(聞)**（〈な〉すのあたりへだっそういたすべきやのふう〈ぶん〉）

現代語訳 (那)須野方面へ脱走して来るのではないかといったうわさ

冒頭のは①の(頃)と非常によく似た字体で書かれていますが、こちらは「須」と書かれており、③の末尾の(那)から続いて「那須《なす》(野《の》)」となります。(邉＝辺)の右下に小さめにとあります。方向を示す助詞としての「江《え》」は、このように「氵《さんずい》」と旁の「工」が小さくまとまって書かれますので、徐々に慣れていってほしい字です。は「脱走」です。(脱)の偏のは「月《にくづき》」と判読しやすいですが、旁のについては、「口」という字がくずされているし、その下の二本の足のような部分は二本ともきっちり「口」から伸びるように書かれている訳ではないので、少し難しいですね。は「走」の楷書体の左下が略された形でくずされています。「走《そうにょう》」としても頻出ですので、慣れていきましょう。は「可レ致哉《いたすべきや》」で、まず(可《べし》)はその下の字(ここでは「致」)を読んでから上に返って読む字で返読文字《へんどくもじ》といいます。終止形(言い切りの形)では「べし」ですが、そのあとの言葉(ここでは「哉」)との関係で、読みは少し変化します(この場合は「べき」)。(致)の偏のは「至」のくずしで、最初の点に続けて一度筆が押さえられ、縦線のあと筆が時計回りにくるっと回ってから、字の右側へと筆が続いています。最後の点は「致」の楷書体にはない点なのですが、筆の余りで打たれる点(捨て筆)です。は疑問を表わす助詞「哉《や》」です。は③のとは字体の異なる「之《の》」です。末尾のと⑤冒頭ので「風聞《ふうぶん》」となります。

⑤

解読文 **(風)聞茂有レ之候間、兼而申付置候**（〈ふう〉ぶんもこれありそうろうあいだ、かねてもうしつけおきそうろう）

現代語訳 **(うわさ)もありましたので、あらかじめ出撃を命じておきました**

二字目のは変体仮名としての「も」です。助詞で小さく右に寄せて「茂」と表記しました。次のは「有レ之《これあり》」です。「有」や「無」という字は、調子をととのえる意味もあるのですが、下に「之」という字を伴って、「有之」「無之」と書かれます。「之」の他、「御座」という言葉が入ることもあります。は「候間《そうろうあいだ》」です。「間」は「〜なので」といったように、理由を示す言葉です。次のは「兼而《かねて》」と読み、「あらかじめ」という意味です。(而)はすぐ下の(申)と一文字のように書かれていますので、注意しましょう。「而」は他にも「追而《おって》」や「別而《べっして》」「惣而《そうじて》」など様々に用いられるので、慣れていきましょう。は上の(罒《あみがしら》)と下の(直)から構成される「置」です。単独でだけ見て、「罒」と読むのはきついと思いますが、は「直」のよく見る字体ですので、ぜひ覚えるようにしましょう。「直」がわかれば、その上に付く部首は決まってきますので、「置」の字体にも慣れましょう。

⑥

解読文 **人数夫々江差向、且農商迄茂**（にんずうそれぞれへさしむけ、かつ　のうしょうまでも）

現代語訳 **軍勢をそれぞれの場所へ派遣し、さらに農民・商人らに対しても**

冒頭は「人数」です。「数」は旧字体「數」で書かれていますが、異体字の(敉)も頻出しますので、

覚えておいてください。次のは「夫」と踊り字の「〻」で「夫々《それぞれ》」と読みます。（江）は④で、行末の（茂）は⑤で見ましたね。は「差向」で、「差」は接頭語《せっとうご》といい語調を整えたり強調するときに動詞の前に付きます。は「且」にも見えますが、接続詞の「且《かつ》」です。は読めますね。「農商」で、農民や商人を指します。は「迄《まで》」です。

⑦ 

解読文 賊徒見掛次第不レ洩様可二（ぞくとみかけしだい もらさざるよう〈とりおさう〉べき）

現代語訳 賊徒を見掛け次第洩れのないように（取り押さえる）ように

は「賊徒《ぞくと》」です。（徒）はすでに③に出てきましたが、は「賊」と判読できたでしょうか。は「貝《かいへん》」です。割と特徴的な字体の部首ですので、慣れていきましょう。旁のの左下は、縦線が一本余分に引かれているので、厳密にいえば誤字ですが、まあこのくらいは目くじら立てずに読み進めましょう。はこの字だけ見ると「弟」にも見えますが、上の（次）と熟語で「次第《しだい》」です。一文字を凝視するだけでなく、続き具合や前後の文脈も重視して判読することが大切です。次のは「不レ洩様《もらさざるよう》」です。「不」は④の「可《べし》」同様に返読文字で、打ち消しの意味の助動詞です。終止形（言い切りの形）は「ず」ですが、続き具合で読みは変化します。はかなりくずされているので、「様」と読むのは難しいでしょうが、頻出語ですし、よく見る字体ですので、ノートなどに何度も臨書しましょう。

⑧

解読文　(可ニ)取押ニ旨、口々手配為レ致置候処、（とりおさう〈べき〉むね、くちぐちてはいいたさせおきそうろうところ、）

現代語訳　取り押さえる(ように)と、ここかしこの黒羽藩領への出入り口に手配を行わせましたところ、

冒頭のは、⑦末尾のから続いて、「可ニ取押ニ旨《とりおさうべきむね》」となります。(旨)は異体字「旨」となっています。次のは「口々《くちぐち》」です。(口)は単純な字ですが、ちょっと読みづらいですね。「口々」は「ここかしこの出入り口」といった意味です。次のは、筆が右上から左斜め下に入ったあと、縦線が曲線状に書かれ、そのまま左側を上に進んで、横二本線が小さく連綿と書かれています。典型的な「手」の字体です。ちなみに、最後の横二本線が三本になると(年)になります。で「手配《てはい》」という熟語です。その下のは少しくずされていますが「為」です。「為」は「ため」と読む他、「たり」「として」「させ」など種々の読みがある字で、下から返って読みます。(致)・(置)はすでにそれぞれ④・⑤に出てきましたね。で「為レ致置《いたさせおき》」となります。は「候処《そうろうところ》」です。は複雑な形ですが、旧字体「處」の異体字「处」をくずした字体です。新字体は「処」です。

⑨

解読文 **同晦日賊徒致二離散一来候付、**（どうみそか　ぞくとりさんいたしきたりそうろうにつき、）

現代語訳 九月三十日、賊徒がちりぢりに離れ、領内へとやって来ましたので、

一字目は「同」です。ここでは同月ということです。は「晦日《みそか》」で、末日のことです。ここでは（元治元年〈一八六四〉九月三十日となります。は「致二離散一《りさんいたし》」で、は「来候付《きたりそうろうにつき》」です。「付」は「に」を補って「～につき」と読みます。

⑩ 

解読文 **領中於二所々一都合弐拾（壱）**（りょうちゅうしょしょにおいて　つごうにじゅう〈いち〉）

現代語訳 領内のあちらこちらで合計二十（一）

冒頭の熟語は「領中《りょうちゅう》」です。（領）は①に出てきた字体ですね。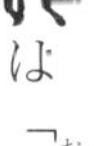は「於《おいて》」で、下から読む返読文字です。つまりは「於二所々一」で、「しょしょ（ところどころ）において」と読みます。は「都合《つごう》」で、合計という意味です。の旁は典型的な「阝《おおざと》」ですので、覚えるようにしましょう。行末のは「弐拾《にじゅう》」です。「弐」は「二」、「拾」は「十」ですが、ちなみに「一」は「壱」、「三」は「参」と書かれます。

⑪ 

解読文 (弐拾)壱人召捕、壱人突留申候、
(〈にじゅう〉いちにんめしとり、ひとりつきとめもうしそうろう、)

現代語訳 (二十)一人を捕らえ、一人を刺し殺しました。

一字目は漢数字の「壱」、三字目は「召」です。下の(口)の部分は⑧のとよく似ていますね。で「召捕《めしとり》」という熟語になります。は「突留申《つきとめもうし》」です。「申」という言葉は、自分側の言動に用いられます。また、は「留」の異体字「畄」です。

⑫

解読文 其余居所黒羽田町江賊徒 (そのよ　きょしょくろばねたまちへぞくと)

現代語訳 その他、私の居所である黒羽田町へ賊徒が

は「其余《そのよ》」で、「その他」という意味です。は「餘」がくずされていますが、新字体は「余」です。は「食《しょくへん》」ですが、①・⑩の(領)の左側とそっくりというか全く同じです。古文書を判読していく上でやっかいだと思われることですが、楷書体では異なる字(部首)でも、くずすとほとんど同じ字体となってしまうことが多々あるものです。字だけを見ずに意味を考えながら判読することがきわめて重要になってくるのです。は「黒羽田町《くろばねたまち》」で、現在の栃木県大田原《おおたわら》市黒羽田町に相当します。行末の二文字は何度か出てきました「賊徒《ぞくと》」です。もう読めますね。

⑬

解読文　**四人罷越候、中壱人賊徒之**（よにんまかりこしそうろう、うちひとり　ぞくとの）

現代語訳　四人参りました。そのうちの一人、賊徒の

は「四人」です。をいきなり「四」と読めなくても、文脈から人数と予想がつくのではないでしょうか。次のはちょっと難しいですね。は「罷」で、②の（罷）をさらにくずした字体です。上のが「罒《あみがしら》」で、下のが「能」です。この字体もよく使われますので、慣れていきましょう。（越）については、部首が「走《そうにょう》」で、③の（徒）の旁に通じると気づくには、慣れが必要かもしれません。で「罷越《まかりこし》」となるのです。

⑭

解読文　**巨魁与覚敷者馬上ニ而罷（通）**（きょかいとおぼしきもの　ばじょうにてまかり〈とおり〉）

現代語訳　首領と思われる者が馬に乗ったままで（通り）

（巨魁《きょかい》）は「首領・かしら」という意味の言葉です。その右下のは「与《と》」です。「与」は「あたえる」や「くみする」と読む他にも、助詞として「と」と読みます。次のは「覚敷《おぼしき》」です。は「覺」をくずした字体ですが、新字体「覚」で表記します。は、左上の点を打ったあと、

筆が左下に続き、そこから右斜め上へと線が引かれ、小さく時計回りに筆が回ってから、最初の点の上に続いていき、そこから下方に線が引かれて、部首「攵《ぼくにょう》」のくずしに続いています。楷書体の「敷」が大きくくずされていますが、この字体も典型的なものですし、「覚敷」や「宜敷《よろしく》」「六ケ敷《むつかしき》」「間敷《まじく》」などの宛字による表現も頻出ですので、慣れていきましょう。は「二而《にて》」です。時や場所を示す助詞で、よく使われる表現です。は⑤のとほぼ同じ字体ですね。

⑮ 

解読文 通候間、出張之家来共ゟ相糺候

（とおりそうろうあいだ、でばりのけらいどもよりあいただしそうろう）

現代語訳 通って行きましたので、そちら方面に出向いていた家来どもが詮議を行いました

冒頭のは⑭末尾から続いて、「罷通候間《まかりとおりそうろうあいだ》」です。前に記したように、「罷」は謙譲の意味を持っており、この史料では「浮浪之徒」「賊徒」の動きを示す言葉に付けてしばしば用いられています。⑤に続いて「候間」という表現が出てきましたが、「間《あいだ》」は理由を示す言葉です。は「出張《でばり》」です。は、筆が「出」の楷書体の二画目にあたる部分を書いたあと、縦線が引かれ、下の横線及び右側の点に続いています。この字体はよく使われますので、覚えるようにしましょう。は「家来共《けらいども》」です。「共」は自分より目下の者に付けて用いられます。（ゟ《より》）は①に出てきましたね。次のは「相糺《あいただし》」です。は「相」の典型的なくずしですし、動詞につく接頭語として「相糺」の他にも、「相調《あいととのえ》」「相済《あいすみ》」「相《あい》

「願《ねがい》」など頻出ですので、覚えるようにしましょう。これも臨書して覚えるようにするとよいでしょう。「相紀」は「詮議を行う、取り調べる」という意味です。の偏（部首）は「糸《いとへん》」です。

⑯

解読文 （候）処、彼ゟ不法ニ手向候間、早速（〈そうろう〉ところ、かれよりふほうにてむかいそうろうあいだ、さっそく）

現代語訳 （…行いました）ところ、かの者から不法に手向かってきましたので、早速

は⑧にも見える「処」です。旧字体「處」の異体字「䖏」がくずされています。筆の入り方は⑭の（敷）の入り方と似ています。は「彼」です。③・⑦の「徒」同様、典型的な「彳《ぎょうにんべん》」です。「彼」とは「賊徒之巨魁与覚敷《とおぼしき》者」を指しています。は「手向《てむかい》」です。（手）は⑧で、（向）は⑥で見たのと同じ字体です。行末のは「早速《さっそく》」です。

⑰

解読文 打果、残三人之者共者召捕、右（うちはたし、のこるさんにんのものどもはめしとり、みぎ）

現代語訳 討ち果たし、残りの三人については捕らえて、前記の

の偏は、⑮の（相）の偏と極めてよく似ていますが、次のと熟語で「打果《うちはたし》」とな

ります。「扌《てへん》」と「木《きへん》」は類似していますので要注意です。は「残」です。旧字体の「殘」がくずされています。は変体仮名で助詞の「は」で、字母は「者」ですが、ここでは右に小さく「者」と表記しました。二文字上にも漢字としての「者」がありますが、こちらはあまりくずされていません。字体の上で漢字と変体仮名が明確に書き分けられています。は「右」。「口」が特徴的です。また、一画目が「ノ」であることも大事な点です。（原則として「右」の起筆は「ノ」、「左」は「一」）

⑱

解読文 **馬上二而罷越候者之姓名相（尋）**（ばじょうにてまかりこしそうろうもののせいめいあい〈たずね〉）

現代語訳 馬に乗ったままで通って行った者の姓名を（尋ね）

冒頭の（馬上）は読めますね。は「二而」です。⑭でも説明しましたが、「〜において、〜で」という場所を示す助詞です。行末は接頭語の「相」です。⑮の（相）と比べ、旁（部首）の「目」がさほど大きくはくずされていません。この「相」は次行の「尋」に掛かります。

⑲

解読文 **尋候処、全田中源蔵与申**（たずねそうろうところ、まったくたなかげんぞうともうす）

現代語訳 尋ねましたところ、全くもって田中源（愿）蔵という

は「全《まったく》」です。の下のは、上の横線のあと縦線が下りて、小さく時計回りに筆が回ってから下の横線が引かれており、「王」の典型的なくずしです。は「田中源蔵」です。は「源」ですが、この字がさらにくずされると(深)という字と判別しづらくなってきます。もっとも、「田中源蔵」については、「田中愿蔵」が正しい表記です。田中愿蔵隊は天狗党の一派で、元治元年、足利藩の栃木陣屋から軍資金の提供を拒否されたため、栃木町の焼打ちを行ったことで知られています。この行末尾のは、楷書体の「申《もうす》」の左側部分を略す形でくずしています。「申」の典型的なくずしで、頻出する言葉ですので、覚えるようにしましょう。

⑳

解読文　**者組之副将ニ而、船越金助与申**（ものくみのふくしょうにて、ふなこしきんすけともうす）

現代語訳　者の組の副将で、船越金助という

二字目は「組」です。⑮の(紀)に続き、「糸《いとへん》」の字が登場しました。は「船越金助」です。は「船」の異体字「舩」です。偏は「舟《ふねへん》」です。楷書体の「舟」の二画目縦線が略された形でくずされています。

㉑

解読文 **者之趣、召捕候者ゟ申聞候、**（もののおもむき、めしとりそうろうものよりもうしききそうろう、）

現代語訳 **者であるということを、捕らえた者から聞きました。**

は左側が⑬の（越）同様「走《そうにょう》」で、筆が右側の「取」につながっており、「趣《おもむき》」となります。旁の（取）は大きくくずされていますが、よく見る字体です。また、「走《そうにょう》」の字はかなり限られていますので、「走《そうにょう》」だと気づけば、あとは前後の意味合いを勘案することでも読めるかもしれませんね。は四度目ですからもう覚えましたね。「より」の**合字**「ゟ」です。次のは「申聞《もうしきき》」です。⑲・⑳の（申）とは違い、こちらのは読みやすいですね。一つの文書《もんじょ》を同一人物が書く際、同じ字が複数回使われる場合に字体が異なることは、よくあることです。（聞）のは「門《もんがまえ》」です。「門《もんがまえ》」がさらにくずされると、平仮名の「つ」（）のようになってきます。

解説

この史料は、元治《げんじ》元年（一八六四）の十月二日付で下野国黒羽藩《しもつけのくにくろばね》十五代藩主大関増裕《おおぜきますひろ》が幕府宛てに提出した**届書**の控で、同年九月末の黒羽藩領内外における水戸天狗党《てんぐとう》の一派の動きや藩としての対応策が記されています。天狗党の一派が常陸《ひたち》国内の佐貫《さぬき》村・高笹山《たかささやま》あたりから黒羽藩領内へ侵入するといった情報をキャッチした在国中の藩主大関増裕が、それに備えて軍勢配備等を行っていたことや、領内で捕らえたり殺害した人数が記され、また、黒羽城下の黒羽田町へも田中愿蔵《たなかげんぞう》の組の副将船越金《ふなこしきん》助《すけ》らが入り込んでいたことも判明します。

天狗党の動向については、まず水戸《みと》藩の門閥派（諸生派）と革新派（攘夷派）の権力闘争のなかで、後者の勢力が攘夷の先鋒たらんとして、元治元年三月二十七日、筑波山《つくばさん》に陣営を設けました。彼らは徳川家康《とくがわいえやす》の廟地《びょうち》、日光山《にっこうさん》で近国諸藩を語らい幕府に建言することを目的として、四月に筑波山を下り、日光山に参拝します。しかし、幕命で警備にあたっていた諸藩の兵や日光奉行配下の兵により、挙兵を果たすことができず、栃木の太平山《おおひらさん》に集結します。その後、五月晦日《みそか》におよそ千人が筑波山に向かうことになりますが、この間下野《しもつけ》国内でも、田中愿蔵隊による栃木《とちぎ》町焼打ちに象徴されるような軍資金徴発やテロが繰り広げられました。八月頃には争乱の舞台は那珂《なか》湊《みなと》周辺に移り、家老市川三左衛《いちかわさんざえ》門《もん》ら門閥派に追い詰められた革新派（天狗党）の大部分は降伏します。ここで残った武田耕雲斎《たけだこううんさい》（元家老）らが、初心にかえり目的を達成するため、西上することになるのです。彼らは十一月初旬には黒羽藩領内外を通過し、上野《こうずけ》・信濃《しなの》・美濃《みの》北部・北陸路を行軍して、十二月十六日、加賀《かが》藩に降伏します。その後、彼らは敦賀《つるが》に送られ、翌慶応元年（一八六五）二月、斬首《ざんしゅ》三百五十五人、流罪《るざい》百三十六人、軽輩《けいはい》・人夫《にんぷ》・幼少の者は追放《ついほう》という処分となりました。

この史料に記されている内容は、天狗党が西上を目指して下野国内に入って来る直前の不穏な状況ということができます。

【参考文献】

『ふるさと雑記』（黒羽町教育委員会、一九七九年）
『栃木県史　通史編5　近世二』（栃木県、一九八四年）
増田孝『古文書・手紙の読み方』（東京堂出版、二〇〇七年）

2 慶喜から病気見舞い

——江戸幕府老中奉書

（慶応四年〈一八六八〉二月四日）

① ② ③ ④

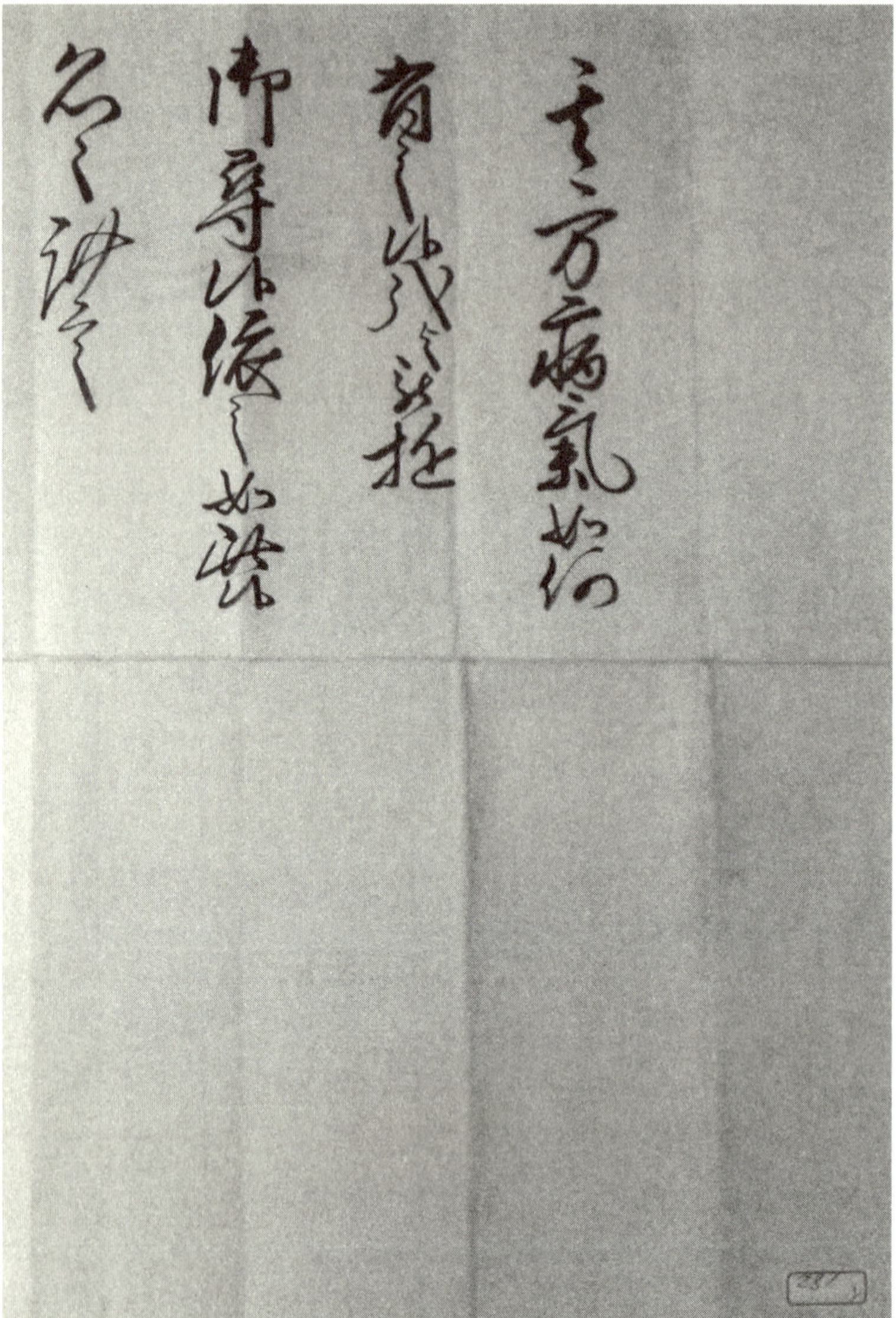

⑦　⑥　⑤

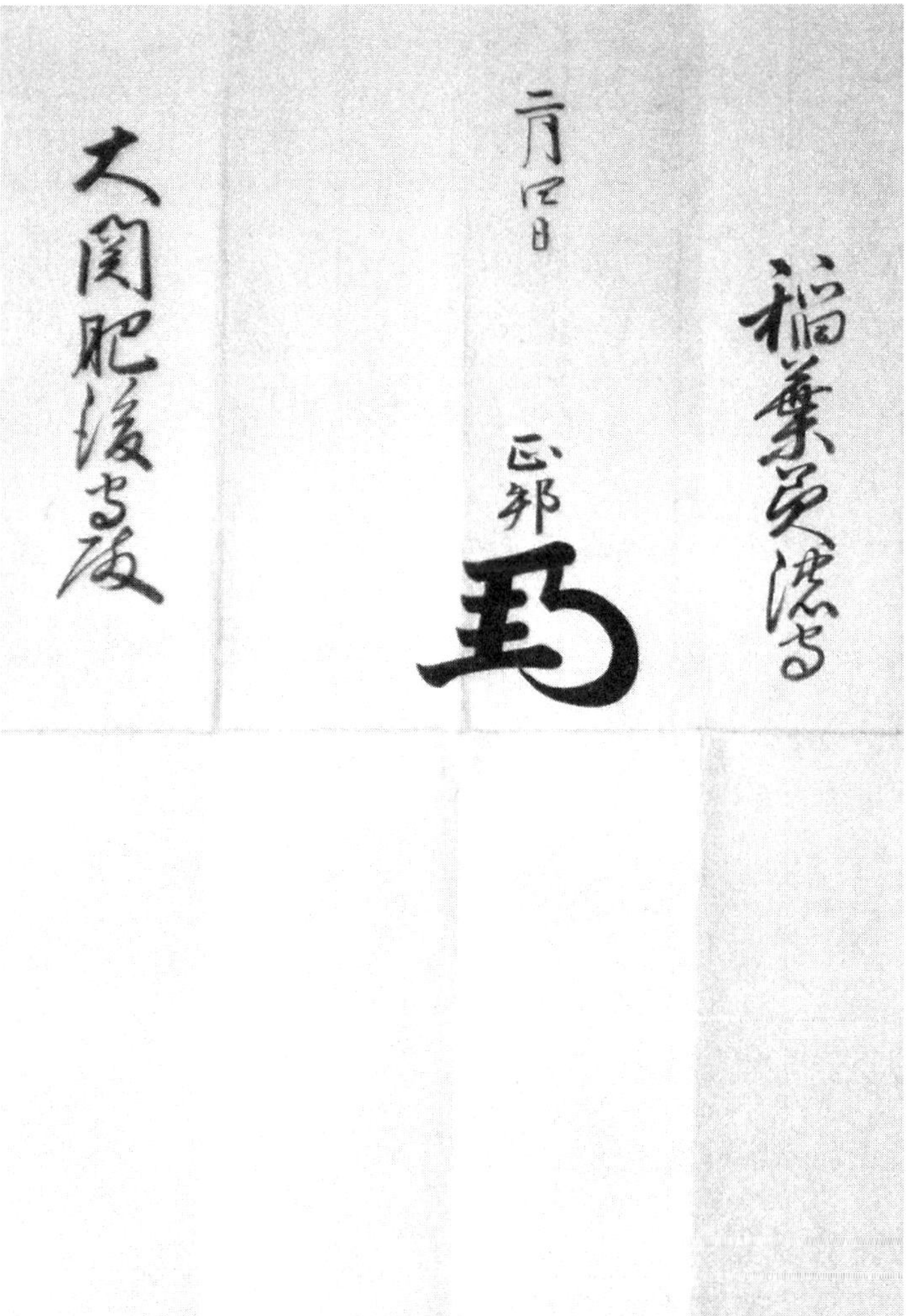
月四日
稲葉美濃守
正邦
大関肥後守殿

【あらすじ】 若年寄（黒羽藩主）大関増裕《ますひろ》の病気がどのような状態なのか徳川慶喜が心配しており、その意を受けた老中稲葉正邦が増裕宛てに見舞い状を送付した。（しかしその時、すでに増裕は…。）

①

解読文 其方病気如何　（そのほう　びょうきいかが）

現代語訳 そなたの病気はどのようで

冒頭のは「其方《そのほう》」です。（其）は、上に点を打ったあと横線を引き、波線のような縦線に続いていています。この字体は「其」の典型的なくずしですので、臨書して覚えるようにしましょう。「其方」は目下《めした》の相手をやや丁寧に指す言葉で、「そなた」とも読みます。は「病気」です。（病）は（疒《やまいだれ》）と（丙）から構成されており、（気）は旧字体の「氣」ですが、新字体で「気」と記しました。は「如何《いかが》」です。（如）の部首は「女《おんなへん》」で、「女」は平仮名「め」の字母となっています。旁《つくり》の（口）については、字の左側に付く「口《くちへん》」を除いて、一つの字の中の一部として「口」という字が使われる場合には、このようにくずされることが多いようです。

②

解読文 有レ之候哉与被レ遊二（御尋二）

（これありそうろうやと〈おたずね〉あそばされ）

現代語訳 ありますかと（徳川慶喜がお尋ね）あそばされ

は「有」で、一画目は「ノ」です。「有」は下から返って読む返読文字です。その下のは「之」ですので、（有レ之）は「これあり」と読みます。三字目のは「候《そうろう》」の典型的なくずしですので、しっかり覚えるようにしましょう。次のは「哉《や》」です。左側のは「弓」という字に似ていますが、「哉」を楷書体で書いたときの一画目から六画目までをくずした形です。その右側のが同じく七～九画目のくずしとなります。「哉」については、詠嘆《えいたん》の助詞として「かな」と読むこともありますが、文学的な作品ではない通常の古文書においては、疑問の助詞として「や」と読みます。「哉」の右下のは「与《と》」です。「与」は「あたえる」「くみする」といった読みの他、助詞として「と」と読みます。次のは「被《る・らる》」で、尊敬や受身の助動詞として使われる字です。この場合は尊敬の意味ですが、「被」は古文書に頻出する字ですので、大きくくずされることになるのです。そして「被」は返読文字ですので、すぐ下の字から返って読みます。すなわち行末のは「遊」ですので、で「被レ遊《あそばされ》」となります。しかし、を「遊」と判読するには慣れが必要でしょうね。左側のはどう見ても「扌《てへん》」のように見えて仕方ありませんが、実は「遊」を楷書体で書くときの一画目から四画目にあたる「方」なのです。その右側部分の後半のが「辶《しんにょう》」をくずした形となっているのです。

③

解読文　御尋一候、依レ之如レ此候、（おたずね〈あそばされ〉そうろう、これにより　かくのごとくにそうろう、）

現代語訳　お尋ね（あそばされ）ました。それによってこのような（見舞いの手紙を送る）ことになったのです。

冒頭のは「御尋《おたずね》」で、②末尾の「被レ遊」に返って、「おたずねあそばされ」と読みます。は「御」の典型的なくずしです。

ところで、この病気見舞い状は、古文書学的な呼び方で言えば、江戸《えど》幕府《ばくふ》老中《ろうじゅう》奉書《ほうしょ》となりますが、老中奉書の書き方としては、横長の料紙《りょうし》を上下二つに山折りに折って、その上半分の部分に書かれる訳です。このような使われ方の料紙は、折紙《おりがみ》と呼ばれています。ちなみに、折紙の上半分だけでは書ききれない場合には、上下二つ折り状態のまま、左右を百八十度回転させ、下半分の部分に続きが書かれます。その場合には、折紙を開いてみると上半分は上から下に、下半分は下から上に文字が書かれている状態になっています。（第2章1参照）

改めて28ページの②を見てください。末尾の「遊」の下に二文字分くらいの余白を残して、「御尋」が③冒頭に改行して書かれていることがわかるでしょう。これは、敢えてそう書かれているのです。何のためかと言えば、ここでの「御尋」の主体（主語）は、慶応三年（一八六七）十二月まで江戸幕府十五代将軍であった徳川慶喜《よしのぶ》ですので、この病気見舞い状を書いた老中稲葉正邦《まさくに》が慶喜への敬意を表現するために、このような書き方をしたのです。古文書学ではこれを平出《へいしゅつ》と呼んでいます。

さて、三字目の（候）は②に見える字体と同じですね。次のは「依レ之《これにより》」で、「依」は返読文字です。

は「如レ此候《かくのごとくにそうろう》」です。（如）は①で見た字体と同じですね。（此）は、まず左上部分に点の

ように筆が入ったあと、左斜め下に下りて、そこから長めの横線が引かれ、中央二本の縦線につながっています。「此」のくずし字としては、他にもよく見る字体ですので、要チェックです。

④

解読文 **恐々謹言、**（きょうきょうきんげん、）

現代語訳 **恐れかしこまりつつしんで申し上げました。**

は「恐」、〻は踊り字の「々」で、は「恐々《きょうきょう》」です。は「謹言《きんげん》」ですので、一続きで「恐々謹言」となります。（謹）のは典型的な「言《ごんべん》」ですが、旁はこれでもかというくらい大きくくずされていて、ほとんど原形を保っていませんね。「恐々謹言」は**書止文言**《かきとめもんごん》の一つで、書状の本文末尾に使われる挨拶の言葉です。他に「恐惶《きょうこう》謹言」や『謹言』などがあり、「謹言」よりも「恐々謹言」の方が相手（宛所《あてどころ》）に対する礼が厚くなり、「恐々謹言」よりも「恐惶謹言」の方が厚礼となるのです。ちなみに、幕府老中から大関氏（外様大名・一万八千石）クラスの大名に対する**書止文言**は「恐々謹言」で統一されており、同一の宛所で差出者が将軍の場合には、「謹言」が使われています。

⑤

解読文 **稲葉美濃守**（いなばみののかみ）

は「**稲葉**」で、は「**美濃守**《みののかみ》」です。は「**美**」をくずした字体で、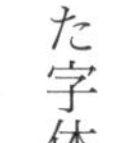（**濃**）も旁がかなりくずされています。は「**守**」の典型的なくずしですので、覚えてしまいましょう。類似文字に「**寺**」があります。「**美濃守**」は、もともとは朝廷から任命されて美濃国（現岐阜県）一国を統括する国司《こくし》（四等官）の中の第一位の役職名であったのですが、中世以降、国司制度が廃れた後はそうした実質を伴わなくなります。それでも武家にとって、「〇〇守《のかみ》」という**受領名**《ずりょうめい》は一定の権威を示すことになりますので、近世大名も幕府を通す形で、朝廷から叙任《じょにん》文書を受け、正式に**受領名**を名乗っていたのです。

⑥ 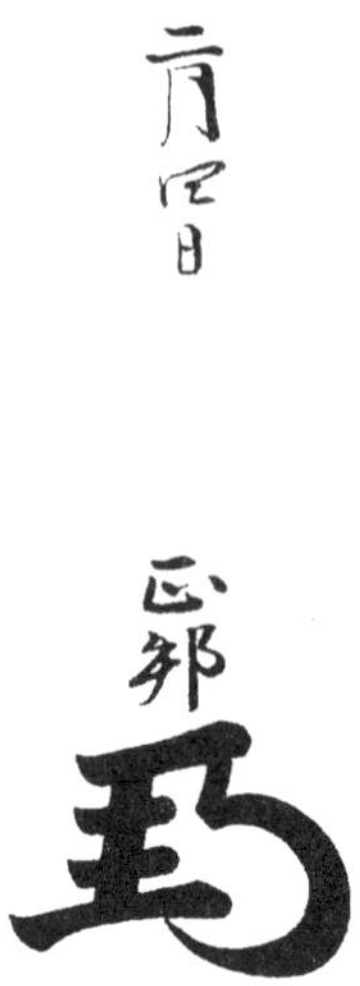

解読文　**二月四日**　**正邦（花押）**　（にがつよっか　まさくに　［かおう］）

は「**二月四日**」で、この老中奉書の日付です。（**四**）が少し読みづらいかもしれませんが、慣れていきましょう。書状や老中奉書の日付は通常月日のみで、年号が記されませんが、この老中奉書は内容から慶応四年（一八六八）に比定することができます。日付の下のは「**正邦**《まさくに》」で、稲葉美濃守の**実名**《じつみょう》です。その下に大きめに据えられているのは、稲葉正邦の**花押**《かおう》です。花押とは署名の下に書く判のことで、**書判**《かきはん》とも呼ばれます。なお、本書では便宜上、⑤と⑥に分けて記しています

が、⑤・⑥を音読する際には、「二月四日《にがつよっか》　稲葉美濃守正邦《いなばみののかみまさくに》（花押《かおう》）」と読みます。

⑦ 

解読文　**大関肥後守殿**　（おおぜきひごのかみどの）

は「大関」で、宛所《あてどころ》の名字です。は「肥後守《ひごのかみ》」で、当時の大関氏当主が任じられていた**受領名**です。（後）のは「氵《さんずい》」のようにも見えますが、「彳《ぎょうにんべん》」のよく使われる書き方なのです。筆が左上の部分でまず押さえられて、そこから下にまっすぐのび、今度は右上を目指して撥《は》ねたあと、右側部分（旁）を連綿と書いてから、最後に左側中ほどの位置に点を打っています。「**大関肥後守**」の**実名**は増裕《ますひろ》です。大関増裕は黒羽藩十五代藩主です。最後のは「**殿**」で、大関増裕に対する敬称です。この字体は「**殿**」の典型的なくずしですので、覚えるようにしましょう。

解説

この史料は、慶応四年（一八六八）の二月四日付で江戸幕府老中稲葉正邦から、若年寄《わかどしより》で下野国《しもつけのくに》黒羽藩主の大関増裕に宛てた**老中奉書**で、病気見舞い状となっています。内容としては、増裕の病気を心配している徳川慶喜の内意を老中が伝えるというものです。

大関増裕は、天保八年（一八三七）十二月九日に遠江国《とおとうみのくに》横須賀藩主西尾忠善《ただよし》の世継ぎ忠宝《ただとみ》の第二子として横須賀城（現静岡県掛川市）で生まれ、幼名を藤十郎、**実名**《じつみょう》（名乗《なのり》）を忠道（のち忠徳）といいま

大関増裕肖像（小林華平『大関肥後守増裕公略記』1909年〔黒羽芭蕉の館蔵〕より）

す。文久元年（一八六一）、黒羽藩主大関家の養子となり、同藩十五代藩主となりました。増裕は西尾家時代に西洋流砲術や蘭学を学び、見識を有していましたので、黒羽藩主就任後まもなくして、江戸幕府の要職に抜擢されるところとなりました。すなわち、文久二年（一八六二）四月、講武所《こうぶしょ》奉行に就任し、その後、「海陸御備向并《そなえむきならびに》御軍制取調之《とりしらべの》御用掛《がかり》」に任じられて、幕府の軍制改正の評議に加わることになります。次いで同年十二月には、新設された陸軍奉行に就任し、講武所奉行も兼任します。

翌文久三年（一八六三）三月、増裕は幕府の公職を辞して、五月に初めて黒羽入りし、黒羽藩の軍制改革を中核とする藩政改革を断行していきました。この在国中の元治元年（一八六四）冬には、すでに第1章1で見たように、水戸天狗党の動きに対する備えもしていました。黒羽藩は、藩主増裕が断行した藩政改革によって独自の充実した軍隊を編制させることに成功しましたが、これはその後、同藩が戊辰戦争において新政府軍として活躍することの基礎をなすに至ります。

慶応元年（一八六五）六月、幕府の命により増裕は再び江戸に上り、七月、初代海軍奉行に就任します。増裕は直属の部下で軍艦奉行の勝海舟《かつかいしゅう》らとともに、洋式海軍の組織の立ち上げや整備拡張に努めました。慶応三年（一八六七）正月には若年寄（海軍副総裁）となり、海軍奉行を兼務します。しかし、同年十月の十五代将軍徳川慶喜による大政奉還《たいせいほうかん》後、増裕は密かに朝廷側への内通工作も進めながら、二十日限りの帰藩許可を得て、十二月六日、黒羽城に到着しました。帰藩の重要な目的は大隊《だいたい》調練《ちょうれん》の実施にあったようですが、増裕は満三十歳の誕生日となる同年十二月九日、遊猟に出かけ、不慮の死を遂げるところとなったのです。そのとき周囲にいた者の証言では、増裕が持っていた「十三発込《ごめ》」の鉄砲から発砲された弾丸が、増裕の左耳の脇から右耳の上にかけて貫通したということです。何と、本節で取り上げた老中奉書が発給される約二か月前に、宛所の大関増裕はすでにこの世の人ではなかったのです。

実は増裕の死は秘密にされていて、次の十六代藩主となるべき養子が決定するまでの間は病気という扱いになっており、本老中奉書発給の慶応四年（一八六八）二月四日の時点では、大関家の養子は正式決定に至っておらず、増裕は表向きにはいまだ病気ということになっていたのでした。この間、江戸藩邸においては、常陸国《ひたちのくに》石岡藩主松平頼縄《よりつぐ》の甥の泰次郎《やすじろう》（十八歳）を養子に迎える動きが進められ、老中奉書発給の翌二月五日には、増裕の名前で作成された急養子願《ねがい》が四名の幕府老中宛てに提出されて、泰次郎は大関増勤《ますとし》として最後の黒羽藩主となったのです。

【参考文献】

栃木県立博物館平成一六年度企画展図録『大関増裕―動乱の幕末となぞの死―』（栃木県立博物館、二〇〇四年）

3 江戸から帰藩——先触

（年未詳）八月二十七日

①②③④⑤⑥⑦

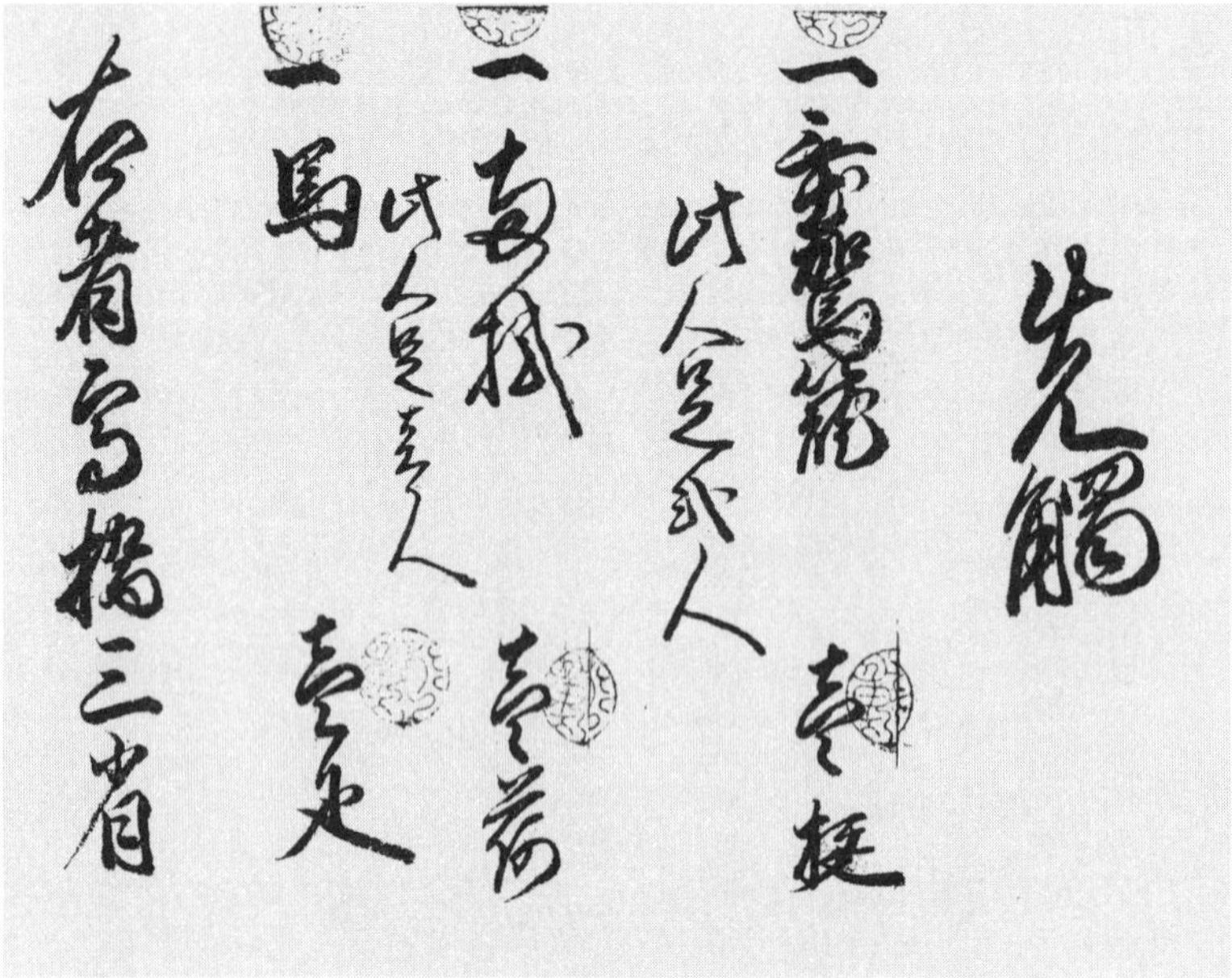

⑫⑬⑭

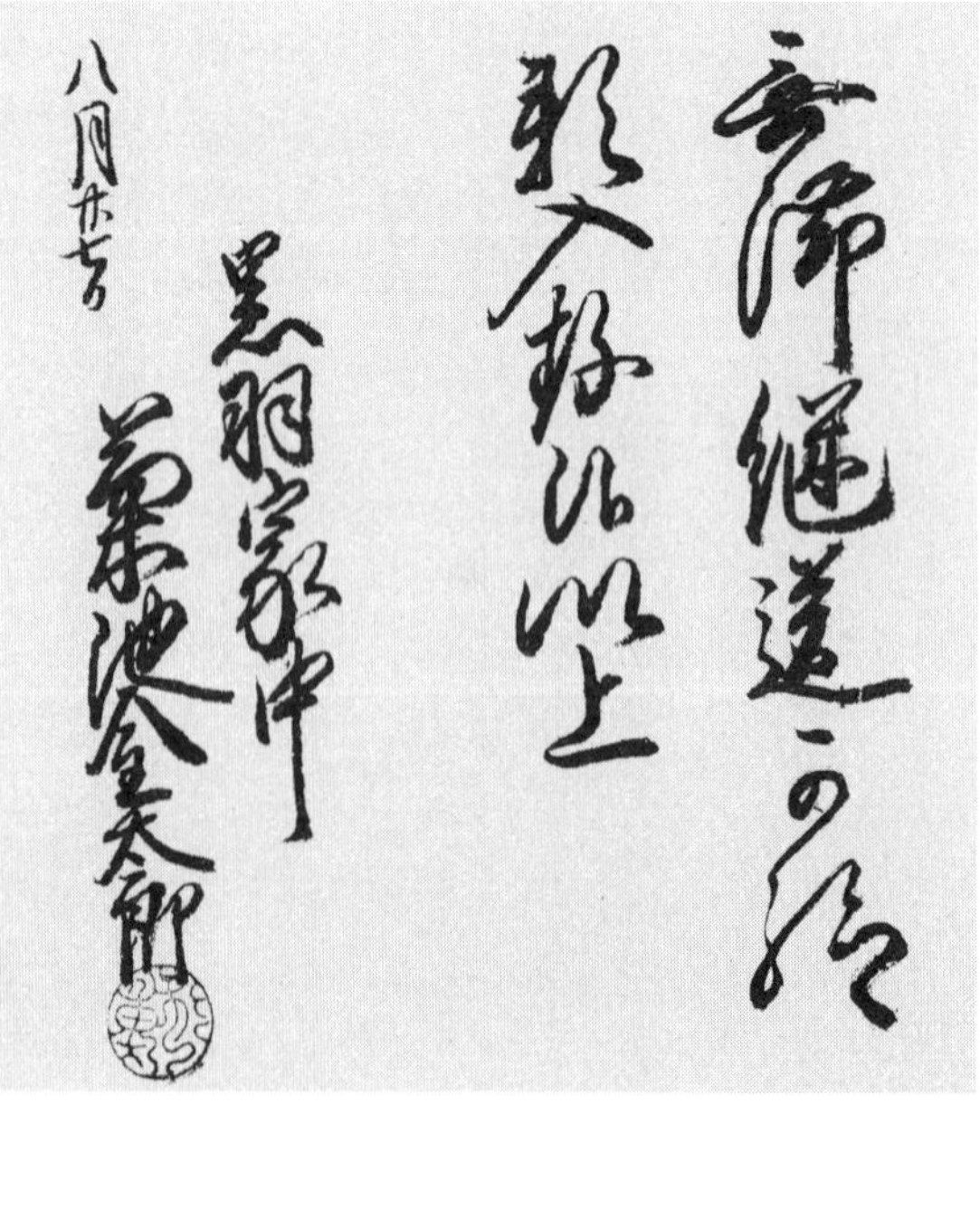

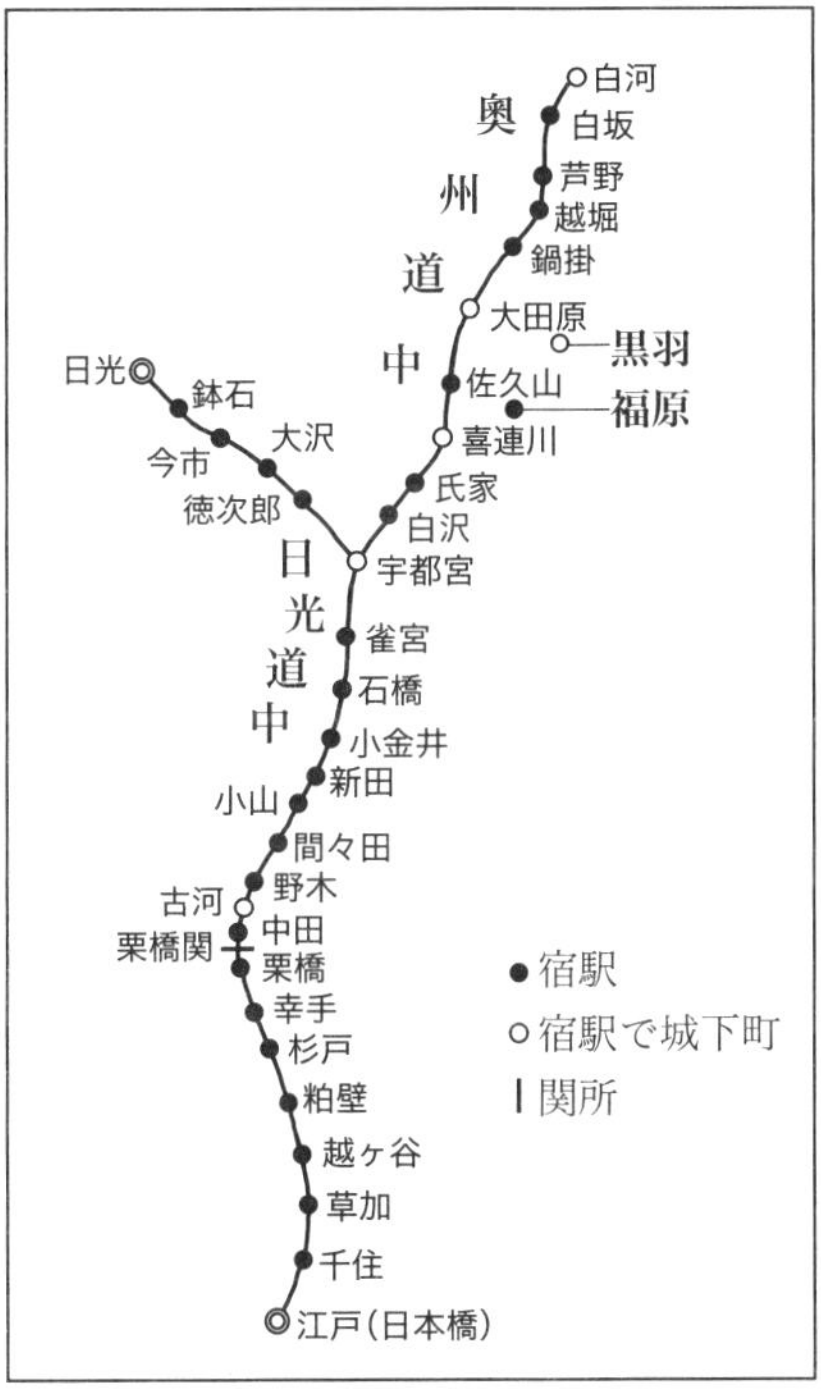

⑪ ⑩ ⑨ ⑧

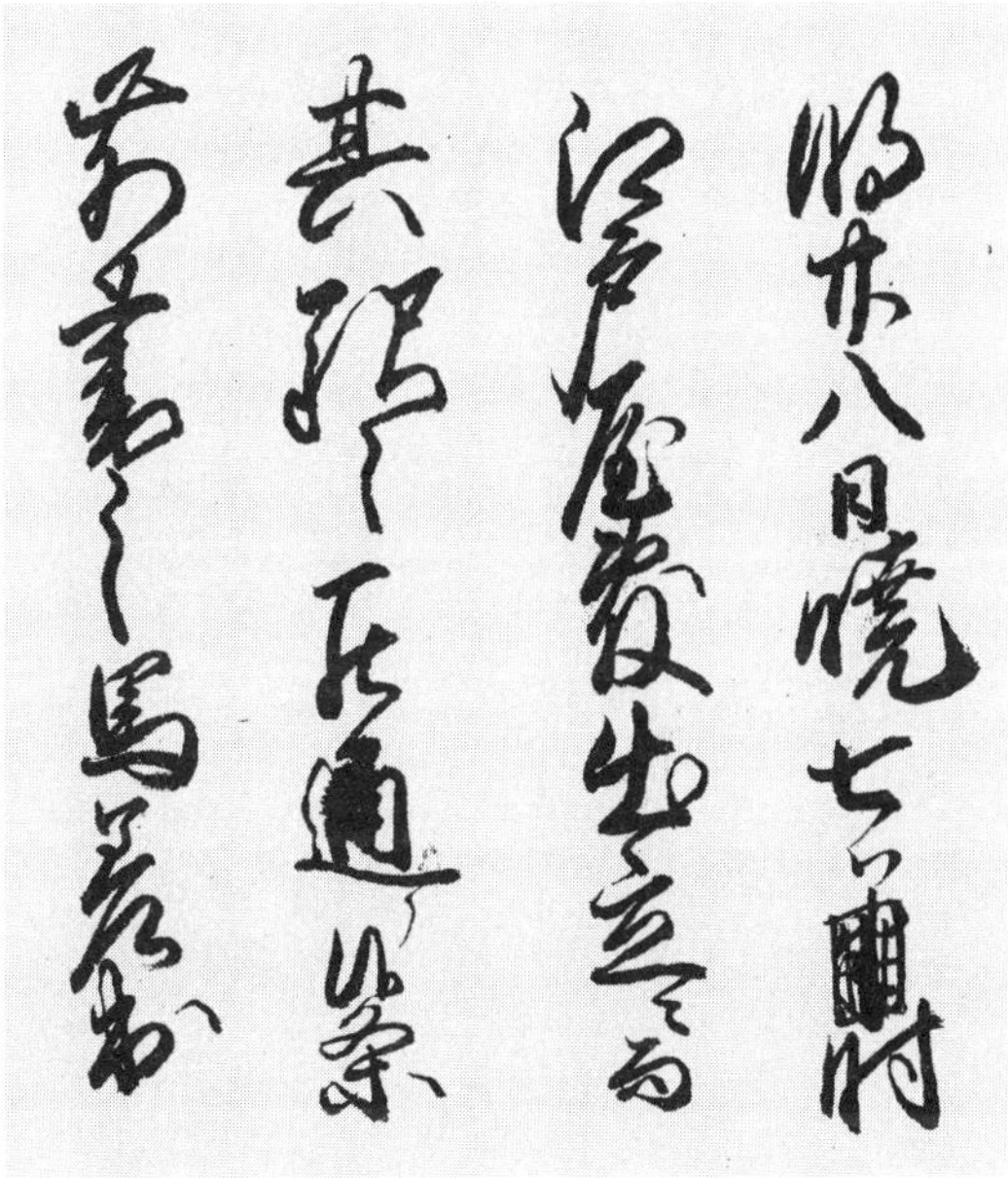

㉒ ㉑ ⑳ ⑲ ⑱ ⑰ ⑯ ⑮

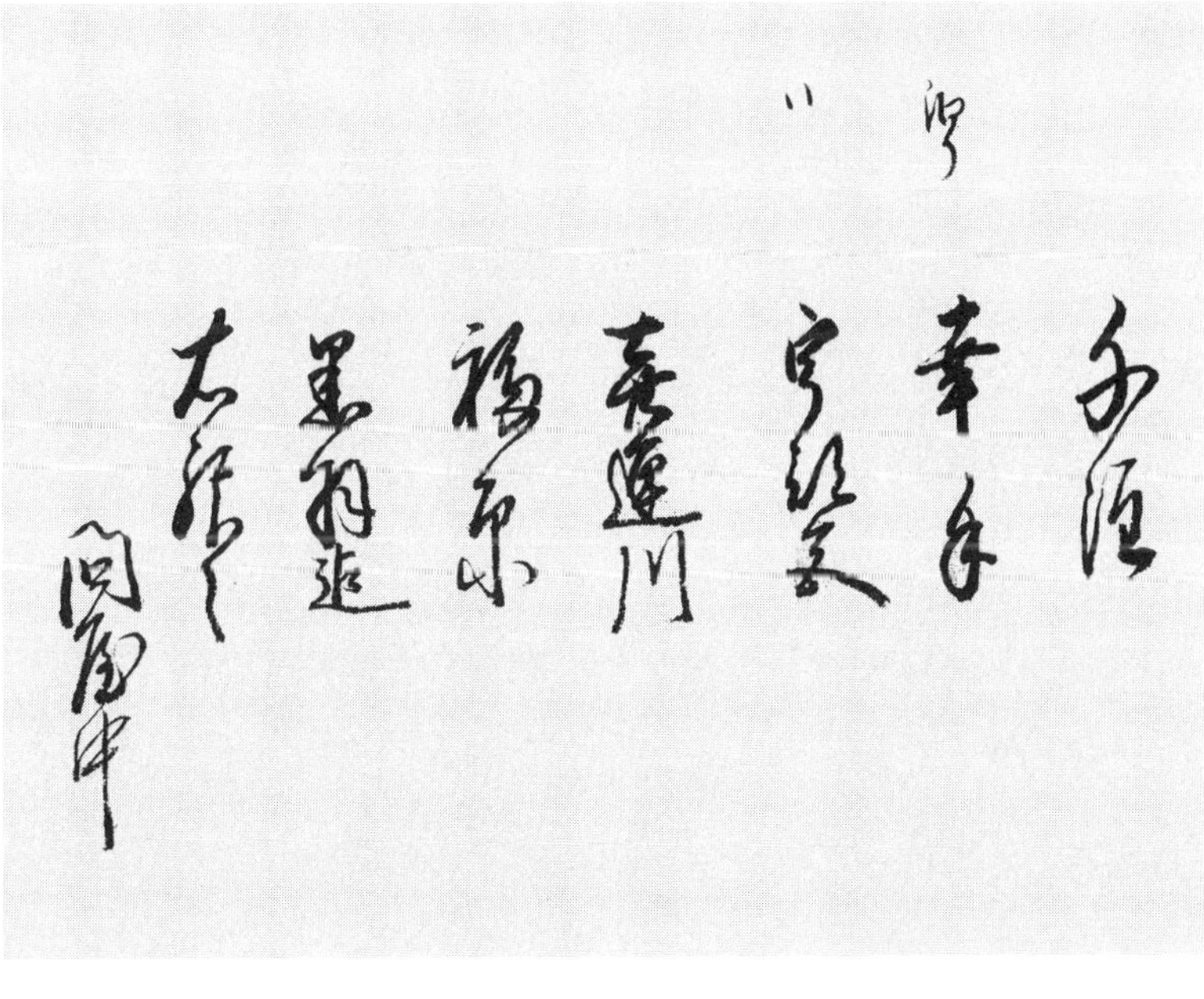

(個人蔵)

【あらすじ】黒羽藩士高橋三省《さんせい》の江戸からの帰藩に際し、江戸勤番の同藩士が千住から黒羽までの六つの宿駅の問屋宛てに、人馬の継立《つぎたて》や休泊の準備をさせるべく、前もって通告した。

①

解読文 **先触**　（さきぶれ）

現代語訳 （公用の旅行者のために沿道の宿駅に人馬の継立《つぎたて》等の用意をさせるため）前もっての通告

は「先触《さきぶれ》」です。（先）は読みやすい字ですね。（触）は旧字体の「觸」をくずした字です。

②

解読文 一、**乗駕籠**　**壱挺**　（ひとつ、のりかご　いっちょう）

現代語訳 用意すべきものの一つ目としては、乗駕籠一挺である。

（一）は箇条書《かじょうがき》の際の常套句で「ひとつ」と読みます。は「乗」です。楷書体の書き順通りに筆が走っていますが、後半部分は「乗」の典型的なくずし字体とは少しだけ距離があります。

は「駕籠《かご》」です。駕籠とは、人の乗る竹製もしくは木製の部分を一本の長柄《ながえ》の中央につるして、前後から担《かつ》いで運ぶ乗用具のことです。（駕）は、（加）も（馬）もさほど大きくは

くずされていませんね。（籠）は楷書体の原形をほぼ保つ形でくずされています。は「壱」で、金銭等に関わる文書において間違いを防ぐために、「一」に代えて使用されます。は「挺《ちょう》」で、駕籠などを数える際の接尾語です。

③ 

解読文 **此人足弐人**　（このにんそくふたり）

現代語訳 **この乗駕籠に要する人足は二人である。**

は「此」という字の典型的なくずしですので、何度も臨書してそのまま形を丸暗記するようにしましょう。は「人足《にんそく》」で、力仕事にたずさわる労働者、つまりここでは「乗駕籠」を担ぐ駕籠舁《かき》のことです。は「弐人《ふたり》」です。②の「壱挺」同様、ここでも「二人」に代えて「弐人」と書いています。駕籠は前後で担ぐから、二人の人足が必要となるのです。皆さんもテレビや映画の時代劇などで、そんなシーンを見たことがあるでしょう。

④ 

解読文 一、**両掛**　**壱荷**　（ひとつ、りょうがけ　いっか）

現代語訳 用意すべきものの二つ目としては、両掛一荷である。

は「両掛《りょうがけ》」です。（両）は、旧字体の「兩」を、楷書体の二画目の縦線を略しながらくずした字です。また四画目の縦線が上に突き抜けて書かれますが、典型的な字体ですので、何度も臨書して覚えるようにしましょう。「両掛」とは、旅行用の行李《こうり》の一種で、挟箱《はさみばこ》または小形の葛籠《つづら》に衣服等を入れて、天秤《てんびん》棒の両端に掛け、供《とも》の者に担がせたものです。は「荷《か》」で、（艹《くさかんむり》）と（何）から構成されています。片仮名の「ソ」のような形に筆が入り、それに続けて横線が引かれる字体の「艹《くさかんむり》」はよく使われますので、慣れていきましょう。そして（何）の旁は典型的な「可」のくずしですので、覚えるようにしましょう。「荷」は担ぐ荷物の数を表わす接尾語です。

⑤

解読文 **此人足壱人**（このにんそくひとり）

現代語訳 **この両掛に要する人足は一人である。**

四字目のは、②・④のとは少し字体が異なりますが、やはり「壱」です。両掛一荷を担いで運ぶには、一人いれば充分なのです。

⑥

解読文 **一、馬　壱疋**（ひとつ、うま　いっぴき）

現代語訳　用意すべきものの三つ目としては、馬一疋である。

馬については、すでに②の三字目でこの字を含む駕（駕）を見ましたね。「馬」と判読できたのではないでしょうか。壱疋は「壱疋《いっぴき》」です。だいぶ読みやすいですね。

⑦

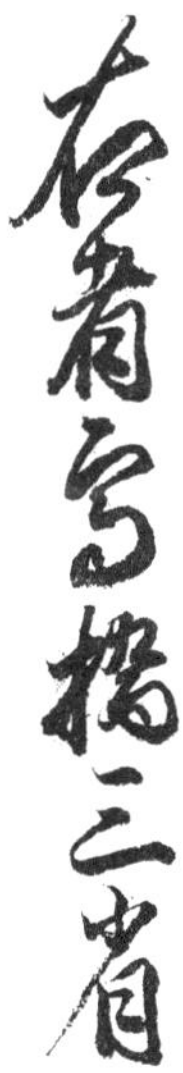

解読文　右者高橋三省　（みぎはたかはしさんせい）

現代語訳　右に書いた内容については、高橋三省が

右者は「右者《みぎは》」です。「者」は「もの」の他、助詞として「は」と読まれることの多い字です。三字目の高は「高」です。楷書体の左下の縦線を略しながらくずした字体で、よく使われますので、覚えるようにしましょう。次の橋は「橋」です。左側は「扌《てへん》」のように見えますが、「木《きへん》」です。この二つの偏《へん》は、筆で書かれるとよく似た形になるので、注意が必要です。旁《つくり》の喬（喬）は、楷書体の左下部分を略した形でくずされています。高橋で「高橋」という名字となります。続く三省は「三省《さんせい》」です。これはそのまま読めますね。「高橋三省」は、幕末維新期の下野黒羽藩士です。

⑧

解読文　明廿八日暁七つ時　（あくるにじゅうはちにち　あかつきななつどき）

現代語訳　明くる（八月）二十八日の午前四時頃に

は「明《あくる》」です。偏のは「日」をくずした形で、旁のは字の一部分として「月」が使われるときによく用いられるくずし方です。は「廿八日」で、（廿）は、横線のあと縦に二本引かれ、最後に右下に点が打たれる、よく見かける字体です。は「暁」で、偏のは一字目と同様「日《ひへん》」です。行末のは「時」の異体字「时」ですが、ここにも同じ字体の「日《ひへん》」が使われています。「暁七つ時」は、寅《とら》の刻《こく》で午前四時頃となります。ところで、（つ）と（時）の間にあるは何でしょうか。これはよく見ると、と書いた字の周りを筆で四角く囲ったり、横線や縦線を引いたりして、一字を抹消したものです。したがっては「半」ですので、初めは「暁七つ半時」（午前五時頃）とされていたのが、予定時刻が約一時間早まり、「半」を消すことにしたのでしょう。

⑨

解読文　江戸屋敷出立ニ而、（えどやしきしゅったつにて、）

現代語訳　（黒羽藩の）江戸屋敷を出立のため、

冒頭のは「江戸」で、（江）の偏は典型的な「氵《さんずい》」です。は「屋敷」です。（屋）は（尸《しかばね》）と（至）から構成されています。（至）は、真ん中で筆が小さく時計回りに回っているのが特徴的なくずしです。（敷）は、左上に点が打たれ、その少し左下へ筆が続いて、横線が引かれ、時計回りに筆が回って、字の中央一番上の位置から左斜め下に向かって縦線が引かれ、さらにもう一段下に筆が下りています。ここまでが「敷」の左側のくずしなのです。そして筆は右側に続き、部首「攵《ぼくにょう》」のくずしとなっています。次のは「出立《しゅったつ》」です。（出）は、楷書体の二画目（左上から縦に下りて右横に曲がる線）が最初に書かれてから、一画目（中央の縦線）に続いていくのが特徴的なくずし字です。行末のは「二而《にて》」で、ここでは原因・理由を表わす助詞となっています。

⑩

解読文 其駅々罷通り候条、（そのえきえきまかりとおりそうろうじょう、）

現代語訳 それらの駅を通り行きますので、

は「其《その》」だと読めるのではないでしょうか。次のは（馬《うまへん》）と（尺）で構成される「駅」です。その下のは踊り字ですので、「々」と表記します。で「駅々」です。四字目のは上の横線（罒《あみがしら》）と下の（能）からなる「罷《まかり》」です。「罒《あみがしら》」は省画されて、このように横線となったり、点で表わされたりします。「罷」はそのあとに続く動詞と一緒になって、謙譲語となります。は墨が一部分ににじんでいますが、「通」です。それに続いて小さく書かれたは平仮名の「り」ですので、で「罷通り《まかりとおり》」となるのです。は「候《そうろう》」の典型的なくずし字体ですので、覚えましょう。行末のは「条《じょう》」です。候文の中で使われる「条」は、「〜によって、〜ゆえに」といった意味となります。

⑪

解読文　前書之馬差出、（ぜんしょのうまさしだし、）

現代語訳　（この先触のなかで）前に書いたとおりに馬を差し出し、

冒頭のは「前書《ぜんしょ》」です。（前）は「刂《りっとう》」のくずし方が特徴的で、この字体の他、最後に点が付いて、と書かれることも多い字です。三字目のは「之《の》」の典型的なくずしですので、覚えましょう。「これ」とも読みますが、ここでは「の」です。次の（馬）は⑥で読んだので大丈夫ですね。五字目のは「差」の、行末のは「出」のそれぞれ典型的なくずし字体です。（出）は、⑨で見た（出）とは異なる字体ですが、同一人が記す一つの文書においても、こうしたことはよくあるのです。で「差出《さしだし》」となります。

⑫

解読文　無レ滞継送可レ給（とどこおりなくつぎおくりたもうべく）

現代語訳　滞ることなく継ぎ送りいただくよう

は典型的な「無」のくずし字体です。漢数字の「三」のような形に横線が書かれてから、三本目の長い横線をはさんで上下に二本の横線が連綿と書かれています。「無」は返読文字なので、その

下の字に注目ですが、は読みづらいですね。は（氵《さんずい》）と（帯）から構成される「滞」なのです。（氵《さんずい》）は⑨の（江）のそれと通じるものがあるでしょう。で「無レ滞《とどこおりなく》」となるのです。三字目のは「継」です。は筆が左斜め下に続けて二回入って、そこからまっすぐ下に下りてから、右上に撥ね上がる書き方が特徴的な「糸《いとへん》」です。で「継送《つぎおくり》」という熟語となります。「継送」とは、宿《しゅく》ごとに人足や馬をかえて送ることを意味しています。次のは「可」のくずし字体の典型例です。「可」は、当然、確実な推量、命令、意志などの助動詞（ここでは命令の意）で、終止形（言い切りの形）は「べし」となり、必ず下から返って読みます（返読文字）。そして行末のですが、これもかなりくずされていて、ちょっときついですね。左側のが三字目（継）のそれよりもさらにくずされた「糸《いとへん》」なのです。旁のは「合」をかなりくずしていますが、「給《たもう》《たまう》」という字となります。「給」は尊敬語として使用されますが、文書《もんじょ》での使用頻度も高いので、大きくくずされた字体で通用している訳です。で「可レ給《たもうべく》《たまうべく》」となります。

⑬

解読文 頼入存候、以上、（たのみいりぞんじそうろう、いじょう、）

現代語訳 頼み入るところです。以上。

は（束）と（頁《おおがい》）から構成されている「頼《たのみ》」です。「頁」はくずされると、このように原形を留めることなく、大胆にくずされるのが特徴です。一般的には「頼」のくずしとしてはの方がよく見る字体だと思います。ちなみに、（頼）とよく似た字に（願）がありますが、こちらは偏の（原）の縦線が上に突き抜けないのに対し、（頼）は（束）の縦線が上に突き抜けて書かれるのが特徴です。で「頼入《たのみいり》」となります。次のは「存候《ぞんじそうろう》」で、「存」は「思う」の謙譲語です。行末のは「以上」です。終わりを意味する言葉で、このように文書の本文の最後に書かれたりします。

⑭

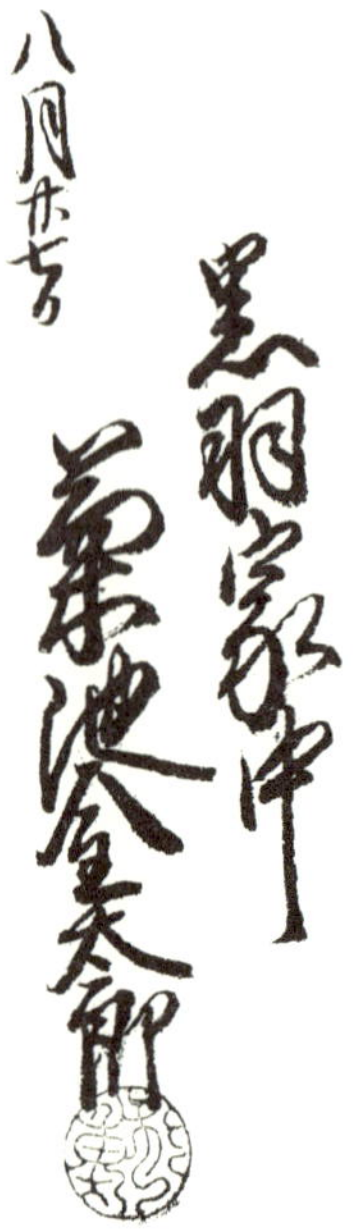

解読文　**八月廿七日**《はちがつにじゅうしちにち》　**黒羽家中**《くろばねかちゅう》　**菊池金太郎**《きくちきんたろう》**（黒印）**《［こくいん］》

現代語訳　八月二十七日　黒羽藩士　菊池金太郎

は「八月廿七日《にじゅうしちにち》」で、この文書の日付です。（廿）は⑧で見ましたね。日付であることが判然としていますので、「日」もさほどきっちりとは書かれていません。は「黒羽《くろばね》」です。「黒羽」は、現在の栃木県大田原市《おおたわら》にあった黒羽藩のことで、藩主は大関氏（外様大名・一万八千石）です。は「家中《かちゅう》」で、大名の家来、藩士を意味します。

は「菊」です。まず片仮名の「ソ」のような形に筆が入ったあと横線が引かれる字体の「艹《くさかんむり》」

が書かれていますし、よく見ると後半部分は「米」ですので、少し慣れてくれば「菊」と読めるようになるでしょう。は「菊池」という名字です。は「金太郎《きんたろう》」です。似ていますが、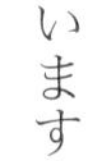は「全」です。違いは、「金」と書く場合、三画目で点を打ってから「王」のくずしにつなげるところで、この字体はよく使われます。「黒羽家中」は「菊池金太郎」にかかっており、彼がこの先触の差出者なのです。そして⑭を読む際には、「八月廿七日　黒羽家中　菊池金太郎」という順になります。「菊池金太郎」は江戸藩邸に勤務していた藩士と考えられます。署名のあとに黒印《こくいん》が捺《お》されています。同じ黒印ないし割印《わりいん》が、②・④・⑥の「乗駕籠」・「両掛」・「馬」とその必要数を記した部分にも捺印されています。割印は本文書の案文《あんもん》（控え）にまたがる形で捺印されたのでしょう。

⑮　⑯　⑰　⑱　⑲　⑳　㉑　㉒

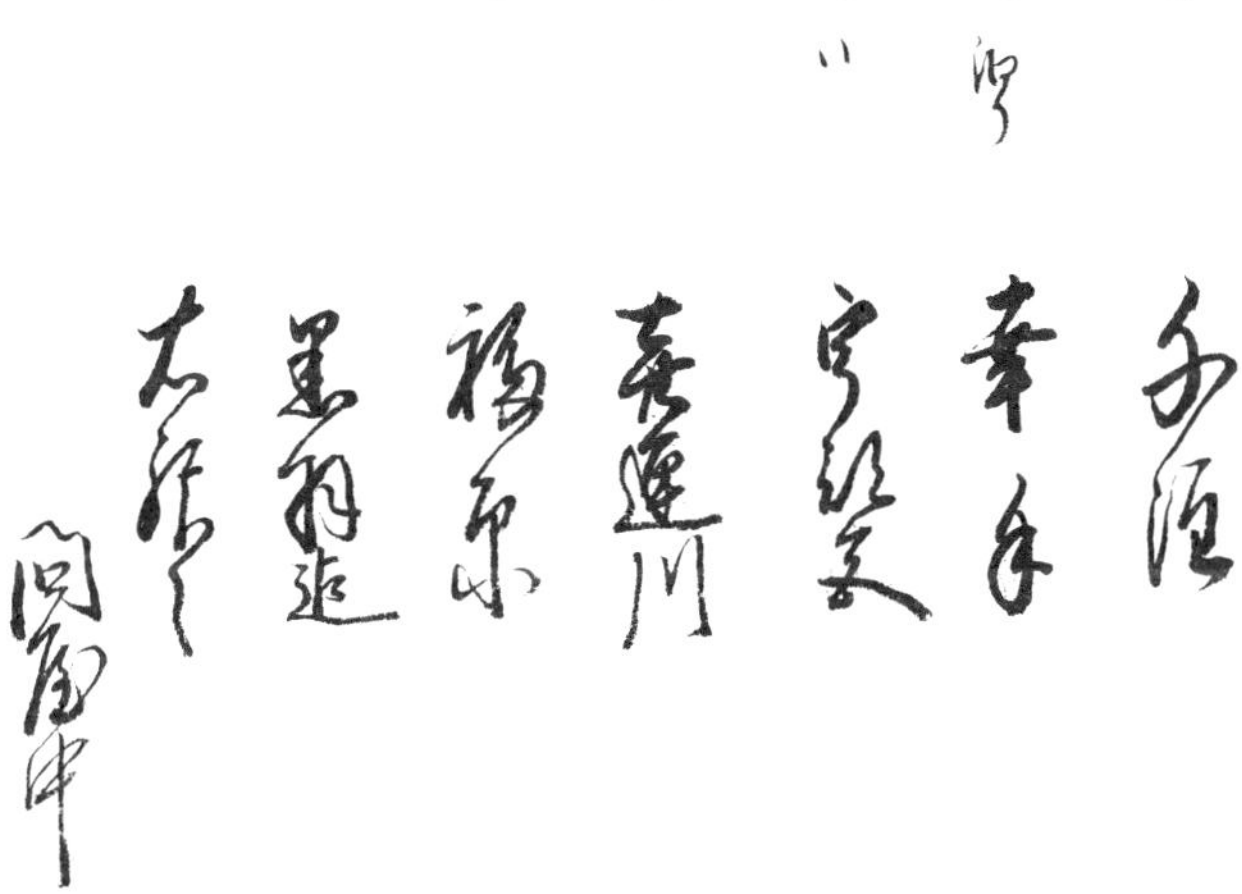

⑮以下、宛所について一括して解読しましょう。

解読文

千注（住）・泊り　幸手・々　宇都宮・喜連川・福原・黒羽迄　右駅々　問屋中　（せんじゅ・とまり　さって・おなじく　うつのみや・きつれがわ・ふくわら・くろばねまで　みぎえきえき　といやちゅう）

⑮は「千」です。楷書体とは縦線と横線の書き順が異なることに注意です。は「注」ですが、これは誤字です。正しくは「住」で、「千住《せんじゅ》」となります。このくらいの誤字でしたら、大きな違和感なく

通用したのかもしれません。千住は現在の東京都足立区《あだち》内で、奥州街道《おうしゅうかいどう》(日光街道)第一の宿駅でした。

⑯　地名表記の上部に小さめの字で書かれているは「泊り」で、は「幸手《さって》」です。(手)は、筆が上から左下に少し下ったあと、その線の中程から縦に下りて、その左側を丸みを帯びながら上っていって、最後に二本の横線を続けて書いています。典型的な「手」のくずしです。ちなみに、のように最後の横線が三本になると、「年」という字となります。幸手は現在の埼玉県幸手市で、奥州街道(日光街道)の宿駅です。

⑰　ここにも地名表記の上部に小さく書かれています。いは踊り字ですので、「々」と表記しました。は「宀《うかんむり》」の中に平仮名の「う」のような字が書かれる「宇」です。は「都」ですが、(者)も(阝《おおざと》)も大きくくずされているので、この一字だけで読むとなると、かなり難しいですね。それでも「阝《おおざと》」はこのような形にくずされることが多いのです。は「宮」ですので、で「宇都宮」となります。宇都宮は現在の栃木県宇都宮市で、奥州街道(日光街道)の宿駅です。日光街道はここから分岐しています。

⑱　は「喜連川《きつれがわ》」です。は「喜」の異体字「㐂」です。分解しますと「七十七」となり、七十七歳を喜寿というのはこれに由来しています。喜連川は現在の栃木県さくら市喜連川で、奥州街道の宿駅です。

⑲　は「福」です。は「礻《しめすへん》」のよく見る形です。旁の(畐)は、左下部分を略す形でくずされています。は「原」です。初めに筆が横に短く入って、左下に鋭角的に曲がっている部分が「厂《がんだれ》」で、こぢんまりとした書き方が特徴的です。で「福原《ふくわら》」となります。福原は現在の栃木県大田原市福原です。喜連川宿からさらに奥州街道を北上すると、佐久山宿に至るのですが、奥州街

道から少し東側に逸《そ》れて北上していくと、佐久山宿の約五キロメートル東側の福原に着くのです。

⑳ は⑭で見た同様「黒羽」です。福原より北東約十キロメートルの地（那珂川東岸）に大関氏の居城・黒羽城（現栃木県大田原市前田《まえた》・黒羽田町）がありましたが、ここでは商家が軒を連ねていた那珂川西岸の黒羽向町《むこうまち》を指しているものと考えられます。は「迄《まで》」の異体字「迠」です。

㉑ は⑦で見たよりもくずされていますが、やはり「右」です。これもよく見る字体で、「口」の部分が右側にのびて、平仮名の「つ」のような形になっています。は「駅々」です。（駅）は⑩で見た（駅）と比べ、さらに「馬《うまへん》」と判別しづらいですね。この「馬《うまへん》」は、⑫で見た（給）のように大きくくずされた「糸《いとへん》」の字体に似ていますが、「糸《いとへん》」と「尺」では字になりません。意味を考えながら判読する癖をつけましょう。

㉒ は（門《もんがまえ》）と（口）から構成される「問」、は（尸《しかばね》）と（至）で「屋」です。（屋）はすでに⑨で同じ字体を見ましたね。で「問屋《といや》」となります。は「中《ちゅう》」です。「中」には仲間内といった意味もあり、㉑から続く「右駅々問屋中」とは、千住・幸手・宇都宮・喜連川・福原・黒羽の各宿駅にある各問屋という意味です。彼らが本史料の宛所《あてどころ》なのです。

解説

この史料は、黒羽藩士高橋三省《さんせい》の江戸からの帰藩に際して、江戸の黒羽藩邸に勤務していたと考えられる藩士菊池金太郎が、幕末期（年未詳）の八月二十七日付で、千住《せんじゅ》から黒羽までの六つの宿駅の問屋たち宛てに発給した「先触《さきぶれ》」です。黒羽藩の重要ポストに就《つ》いていた高橋三省が藩の公用で黒羽に帰藩する際に、彼の通行が予定される街道沿いのこれら宿場に対して、人馬などの継立《つぎたて》や休泊の準備をさせるために発給されたものです。江戸時代においては、幕府の役人や大名・藩士・公家その他が公用で旅をするときには、このような先触が宿場宛てに出されたのです。宛所の問屋は宿駅問屋のことで、宿駅において伝馬・商荷の継立や御用通行の宿泊の差配などの宿駅業務を行っていました。問屋には宿駅の有力者の住民が就任し、名主・庄屋を兼務し、世襲することが多かったのです。本史料から、高橋三省が八月二十八日の午前四時頃、黒羽藩の江戸屋敷を出発し、駕籠《かご》に乗りながら奥州街道（日光街道）を北上して、当日は幸手《さって》に一泊の上、翌二十九日は宇都宮に泊まり、翌日、喜連川《きつれがわ》・福原《ふくわら》を経て黒羽城に到着する予定であったことがわかります。江戸―黒羽間、二泊三日の旅です。

江戸には、参勤交代が義務づけられていた大名二百数十家の屋敷と旗本・御家人（幕府直属の家臣団）のそれを合わせて、二万家以上の屋敷があり、大きな大名の屋敷には上屋敷・中屋敷・下屋敷や、米・物資を貯蔵するための蔵屋敷といった種別がありました。上屋敷は藩主の居屋敷《いやしき》として用いられ、中屋敷には世子《せいし》などが住居し、下屋敷は災害時の避難先として、あるいは遊興用などに使用されていました。これら屋敷の多くは幕府（将軍）から与えられる拝領屋敷という性格を持っていましたが、それでも足りない場合には近郊の田畑などを買得して、抱《かかえ》屋敷とすることもあったのです。下野の黒羽藩主大関氏の場合は、慶長八年（一六〇三）に外桜田に上屋敷を拝領し（のち下谷に移動）、寛文元年（一六六一）、箕輪《みのわ》に下屋敷を拝領しており、寛政五年（一七九三）以降、大関氏の上屋敷は湯島天神下にありました。ただし、この史料に記される「江戸屋敷」は、そのうちのどちらを指しているのかは判然としません。

【参考文献】

『黒羽町誌』（黒羽町、一九八二年）

第2章

領内を治める

1 城の請取りと在番——江戸幕府老中連署奉書写

（元禄十五年〈一七〇二〉九月九日）

⑤ ④ ③ ② ①

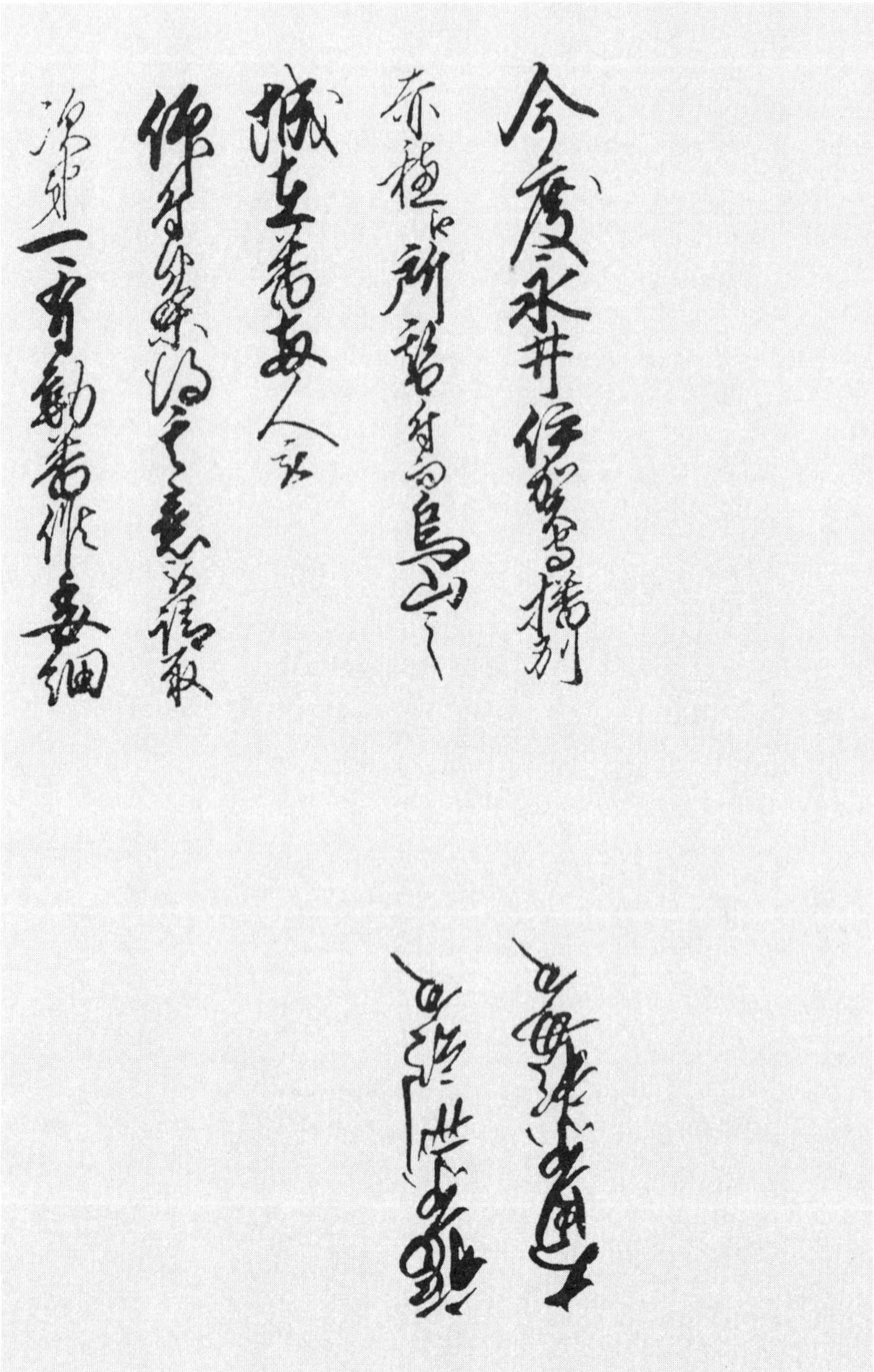

⑫

⑨ ⑧ ⑦ ⑥

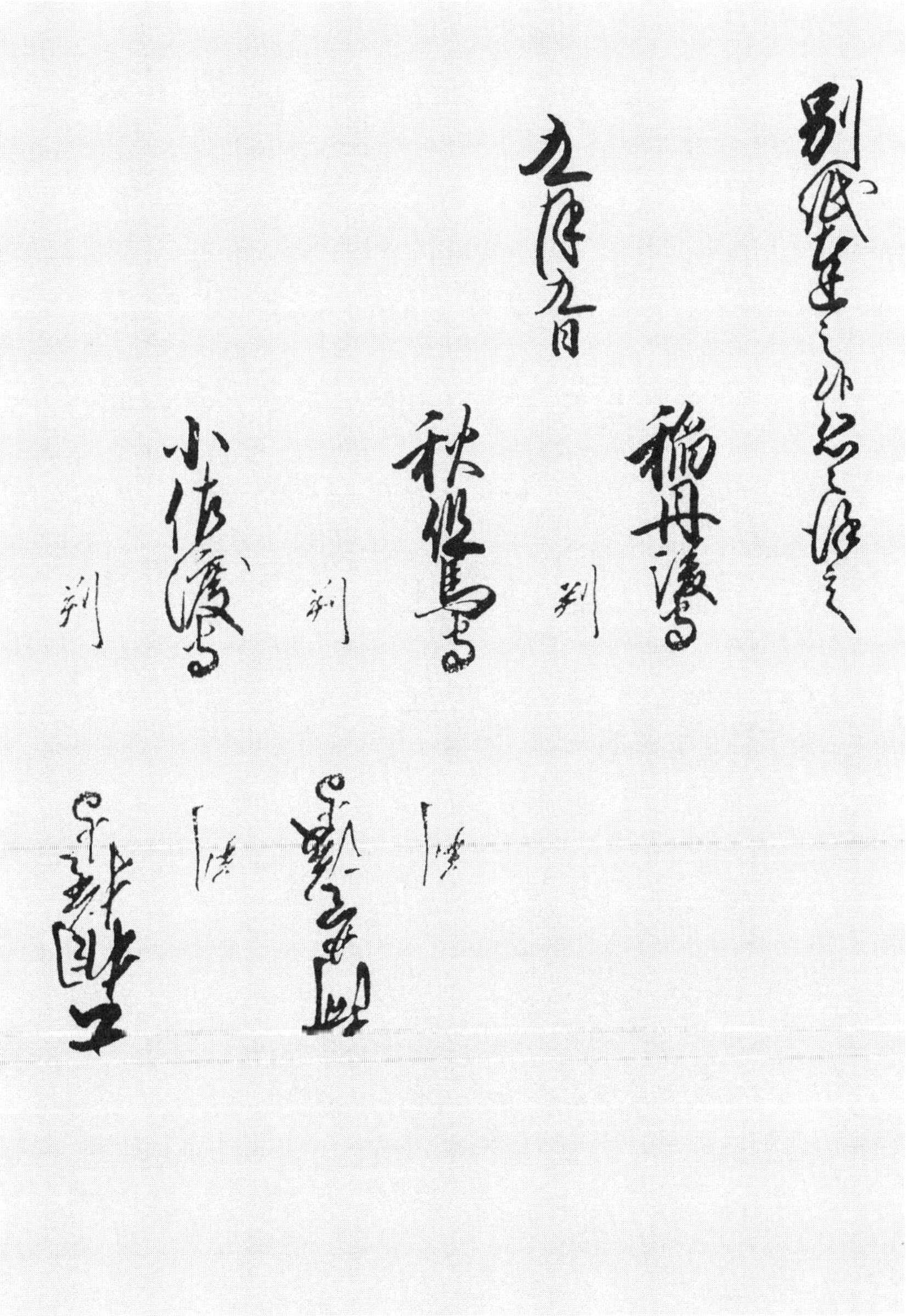

⑩ ⑪

（大田原市那須与一伝承館寄託「福原家文書」）

【あらすじ】江戸幕府老中から交代寄合那須衆の福原資倍《ふくわらすけます》・大田原清勝《おおたわらきよかつ》宛てに、烏山《からすやま》藩主永井直敬《なおひろ》の播磨《はりま》赤穂《あこう》への転封《てんぽう》に伴う烏山城の在番が命じられた。

①

解読文 今度永井伊賀守播州（赤穂江）　（こんど　ながいいがのかみ　ばんしゅう〈あこうへ〉）

現代語訳 今度（烏山藩主）永井伊賀守直敬《なおひろ》が播磨国（赤穂へ）

冒頭のは「今度《こんど》」です。（今）はそのまま読めますね。（度）は（广《まだれ》）をはじめとして少しくずされており、最後に筆の余りで打たれる点（捨て筆）もありますが、よく見かける字体です。臨書して覚えましょう。次の（永井）も読めますね。続くは「伊」です。「亻《にんべん》」のあと三本の横線が続けて引かれ、最後に縦の曲線が書かれています。は（加）と（貝）からなる「賀」です。で「伊賀《いが》」という国名となります。は典型的な「守《かみ》」のくずしですので、覚えましょう。国名プラス「守」で、官職の内の**受領名**《ずりょうめい》となります。は「伊賀守《いがのかみ》」です。

近世大名家では元服か御目見《おめみえ》（将軍へのお目通り）を済ませると、官位（官職と位階《いかい》）への叙任《じょにん》を幕府老中に申請し、所定の資格審査・手続きの後、老中から江戸城に呼び出されて、認可する旨を申し渡されました。そして形式的にも、朝廷からの正式な叙任文書（口宣案《くぜんあん》・宣旨《せんじ》・位記《いき》）を受け取っていたのです。官職は、律令国家の中央官庁の役職に由来する**官途名**《かんとめい》と、地方官の役職に由来する**受領名**からなっていました。「**永井伊賀守**」の**実名**《じつみょう》は直敬《なおひろ》で、下野国《しもつけのくに》の烏山藩主（譜代大名、三万石）でした。行末のは「播州《ばんしゅう》」です。(播)は(扌《てへん》)と(番)から構成されています。(州)はよく見る字体です。「別」に類似していますので要注意です。「播州」は播磨国《はりまのくに》(現兵庫県西部)です。

②

解読文 **赤穂江所替付而、烏山之(城)**（あこうへところがえについて、からすやまの〈しろ〉）

現代語訳 赤穂へその領地が移しかえられたので、烏山の(城の)

は「赤穂《あこう》」です。(赤)は読めるでしょう。は(禾《のぎへん》)と(恵)から構成されていて、(恵)は初めに横線・縦線が続けて書かれたあと、「田」が左側を略しながらくずされ、最後の「心」は横線となっています。「田」のなかの「十」は、平仮名の「の」の字のようにくずされています。「赤穂」は現在の兵庫県赤穂市です。三字目の小字は「江」で、方向を示す助詞です。次のは「所替《ところがえ》」です。(所)は読みやすい字ですね。(替)は、上に「夫」が二つ並びますので、右の方は踊り字となっているのです。下の部分は「日」の左側を略しながらくずしています。「所替」は転封《てんぽう》・移封《いほう》・国替《くにがえ》ともいい、大名の領地が他に移しかえられることです。は(亻《にんべん》)と(寸)からなる「付」です。その下の(而《て》)と合わせて「付而《ついて》」となります。すぐ上の言葉(ここでは「所替」)に「に」を補って読みます。は「烏山《からすやま》」です。結構読みやすい字ですね。行末のは「之《の》」です。典型的なくずしですので、覚えましょう。

③

解読文　（烏山之）**城在番両人被**二（**仰付**一）（〈からすやまの〉しろ　ざいばんりょうにん〈おおせつけ〉られ）

現代語訳　（烏山の）**城の在番をつとめることについて二人に**（**仰せつけ**）**られ**

は「**城**」で、②から続き「**烏山之城**」イコール烏山城（現栃木県那須烏山市）となります。烏山城の城主は、中世においては那須氏でしたが、天正十八年（一五九〇）の改易《かいえき》後は織田信雄《のぶかつ》・成田氏《うじ》長《なが》・成田氏宗《うじむね》・松下重綱《しげつな》・堀親良《ちかよし》・堀親昌《ちかまさ》・板倉重矩《しげのり》・板倉重種《しげたね》・那須資弥《すけみつ》・那須資徳《すけのり》と続き、貞享四年（一六八七）から元禄十五年（一七〇二）にかけては永井直敬《なおひろ》でした。は「**在番**《ざいばん》」です。（在）は楷書体の左下縦線を略す形でくずされています。「**在番**」とは、幕府の命令により大名が他の城地を守ることです。ここでは永井直敬が播磨国赤穂へ国替となって、城主不在となる烏山城の在番が問題となっているのです。次のは「**両人**《りょうにん》」です。（両）は、やはり旧字体「**兩**」の左下部分（縦線）を略しながらくずしています。こういうパターンでくずされることは多いので、徐々に慣れていきましょう。一画目の横線のあと、縦線が上に突き抜けて書かれるのは、楷書体との大きな違いです。そのあと筆は右側の輪郭部分を進み、最後に縦の楕円・横の楕円が続けて書かれて、右側の輪郭を突き抜けています。典型的なくずし字体ですので、何度も臨書して覚えてしまいましょう。

「**両人**」とは、この**老中連署奉書**《ろうじゅうれんしょほうしょ》の**宛所**《あてどころ》の二名のことです。行末のは「**被**《られ》」で、尊敬の助動詞、**返読文字**です。つまり、次の行の頭から返って読みますので、④に進みましょう。

④ 

解読文 （被二）仰付一《おおせつけ〈られ〉》候条《そうろうじょう》、得二其意一《そのいをえ》、被二請取一《うけとられ》（次第）《〈しだい〉》

現代語訳 （将軍徳川綱吉から）仰せ付け（られ）ましたので、了承の上、（鳥山城を）お請け取りになり（次第）

冒頭のは「仰付《おおせつけ》」で、その主体は江戸幕府五代将軍徳川綱吉《つなよし》です。ここから③の行末「被《られ》」に返りますので、「仰《おお》せ付《つ》けられ」となります。③のところで説明しそびれましたが、「被」のあと三字ないし四字分の充分な余白を残して改行されているのは、「仰付」の主体（徳川綱吉）に対する差出者（老中五名）の敬意の表現で、古文書学上、平出《へいしゅつ》と呼ばれています。三字目のは典型的な「候《そうろう》」のくずしですので、しっかり覚えましょう。次のは「条《じょう》」です。これは読みやすい字ですね。「条」は「〜によって、〜ゆえに」という意味で使われます。五字目のは「得《え》」です。旁《つくり》は大きくくずされていますが、偏《へん》のは「亻《ぎょうにんべん》」の典型的なくずしです。「候得共《そうらえども》」という言い方のなかでも使われますが、ここでは動詞として下から返って読みます。すなわちその下ですが、は「其《その》意《い》」です。（其）は点を打って横線が引かれたあと、縦線が微妙に右に曲がるのが二度続いています。（意）は上の方から、「立」・「日」・「心」から構成されています。は「その意《い》を得《え》」と読み、「納得する、了承する」という意味です。次のは③の行末と同じ字体で、尊敬の助動詞「被《れ》」です。その下のは「請取《うけとり》」で、上に返って「請《う》け取《と》られ」と読みます。（請）は（言《ごんべん》）と（青）から構成されていて、とくに「言《ごんべん》」は典型的なくずしですので、ぜひ覚えましょう。（青）は、最初の横線のあと、続いて引かれる縦線が少し下りたところで筆が小さく時

計回りに回ることで二本目の横線となり、すぐ続いて三本目の横線が引かれて、そのあと「月」がくずされて右側に筆がのび、平仮名の「つ」のような形になって、最後に筆が押さえられています。

⑤

解読文 (被二請取一)次第可レ有二勤番一候、委細
〈うけとられ〉しだい　きんばんあるべくそうろう、いさい

現代語訳 (お請け取りになり)次第交代して勤務するようにしてください。詳細については

は「次第《しだい》」です。二字目の「才」は「第」の異体字で、「弟」の異体字と共通しています。三字目のは「可《べく》」です。命令の助動詞で、返読文字です。「可」はの他、ともくずされますので、ともに覚えるようにしましょう。は「有《ある》」です。筆は「ノ」から入り、横線のあと、「月」がくずされます。「有」も返読文字です。すなわちその下のを先に読みます。これは「勤番《きんばん》」と読みます。(番)は③の三字目と同じ字体ですね。「勤番」は交代して勤務するという意味です。その下のは「候《そうろう》」なので、は「勤番《きんばん》有《あ》るべく候《そうろう》」と読みます。さて、次のは「委」です。(禾)と(女)からなっていますが、(禾)は筆の運びが楷書体の書き順とは異なって、「ノ」のあとは縦線になり、そのあとで横線が二本続けて引かれています。は「細」です。(糸《いとへん》)は是非とも覚えましょう。で「委細《いさい》」となり、「詳細、くわしい事情」という意味です。

⑥

解読文 **別紙達レ之候、恐々謹言、**（べっし　これをたっしそうろう、きょうきょうきんげん、）

現代語訳 別紙にて通達します。恐れかしこまりつつしんで申し上げました。

は「別紙《べっし》」です。（別）から筆が続いて書かれている（紙）の（糸《いとへん》）は、今、⑤の行末で見た「細」の「糸《いとへん》」と同じ字体です。三字目のは「達《たつし》」です。上の横線のあとに引かれた縦線が鋭角的に右に曲がり、そこからまっすぐに下ろされた縦線が左側に半円形を描くように上に進み、短い横線が二本連綿と書かれて、最後にという「辶《しんにょう》」の典型的なくずしとなっています。「辶《しんにょう》」の前に書かれるは「奉」のくずしとも共通していますので、注意しましょう。次のは②の行末で見たのと同じ字体で「之《これを》」、は④三字目に出てきたのと同じ「候」です。は「これを達《たっ》し候《そうろう》」と読みます。は「恐々謹言《きょうきょうきんげん》」で、書状形式の文書《もんじょ》の書止文言《かきとめもんごん》です。（恐々）のあとに続けて、左側の縦線が下り、撥ねて右上に移ったあと、その五字上の「達」の中盤から後半に見えるのと似た筆の運びがなされ、「言」のくずしに続いており、最後に「謹」の左側に点が打たれています。決まり文句ですので、（謹）も（言）も大胆にくずされているのです。

⑦

解読文 **九月九日　稲丹後守　判**（くがつここのか　いな　たんごのかみ　はん）

は「九月九日」で、この文書の日付です。江戸幕府老中奉書《ろうじゅうほうしょ》は書状のような様式で書かれるので、年号は記されず月日のみの記載となります。

年次比定のためには、差出者全員が老中に就任していた期間や、宛所の人物がここに記載されているような官職名等を名乗っていた期間を日本史辞典や自治体史等で確認して、年代の範囲を狭めたり、本文の内容から考えたりする必要があるのです。本文書に関しては、記載内容から元禄十五年（一七〇二）に年次比定することができます。は「稲」で、「稲葉《いなば》」を省略して書いています。このように書状等で名字を略して書くことを片名字《かたみょうじ》といいます。は「丹後守《たんごのかみ》」です。（後）のを「彳」《ぎょうにんべん》と判読するのはちょっときついと思いますが、次の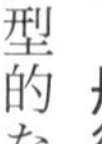は典型的な「守」ですので、受領名《ずりょうめい》だと気づけば、「丹」の下に付く字は「波」か「後」のどちらかです。稲葉丹後守の実名《じつみょう》は正往《まさゆき》（正通《まさみち》）で、下総佐倉《しもうささくら》藩主（譜代大名、十万二千石）です。元禄十四年（一七〇一）一月十一日から宝永四年（一七〇七）八月二日まで老中に就任していました。「稲丹後守」の左のは「判《はん》」です。「判」とは書判《かきはん》すなわち花押《かおう》のことで、本文書の正文《しょうもん》（原本）にはこの位置に稲葉丹後守正往の花押が据えてあったということを意味する書き方なのです。文書《もんじょ》の写《うつし》や案文《あんもん》を作成する際、多くの場合は正文に据えられる花押をそのままの形に書き写すことはせずに、「判」とか「在判《ありはん》」などと書きます。

⑧

解読文　**秋但馬守　判**　（あき　たじまのかみ　はん）

一字目は「秋」で、「秋元《あきもと》」の片名字です。は「但馬守《たじまのかみ》」で、秋元但馬守の実名は喬知《たかとも》です。秋元喬知は甲斐谷村《かいやむら》藩主でしたが、宝永元年（一七〇四）、転封《てんぽう》により武蔵川越《むさしかわごえ》藩主（譜代大名、五万石のち六万石）となり、老中には元禄十二年（一六九九）十月六日から宝永四年（一七〇七）八月二日にかけて就任しています。

⑨

解読文 **小佐渡守　判**　（お　さどのかみ　はん）

冒頭は「小」で、「小笠原」です。は「佐渡守《さどのかみ》」で、小笠原佐渡守長重《ながしげ》となります。三河吉田藩主から転封によって元禄十年（一六九七）、武蔵岩槻《いわつき》藩主（譜代大名、六万石）となっています。老中就任期間は、元禄十年四月十九日～宝永二年（一七〇五）八月二十七日です。

⑩

解読文 **土相模守　判**　（つち　さがみのかみ　はん）

この行からあとは、折紙《おりがみ》（料紙を横に二つに折ったもの）を左右百八十度回転させて書かれています。は「土」で、「土屋」です。は「相模守《さがみのかみ》」。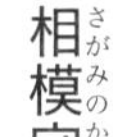（模）は、偏《へん》が「扌《てへん》」のように書かれ、旁《つくり》も大きくくずされていますが、国名で「相」に続くのは「模」だけですね。土屋相模守政直《まさなお》は常陸土浦《つちうら》藩主（譜代大名、九万五千石）で、老中就任期間は貞享四年（一六八七）十月十三日～享保三年（一七一八）三月三日です。

⑪

解読文 **阿豊後守　判**　（あ　ぶんごのかみ　はん）

は「阿」で、「阿部」です。は「豊後守」。（豊）は大きくくずされていますが、（後）は⑦で同じ字体を見ましたね。実名は正武で、

老中就任期間は天和元年（一六八一）三月二十六日〜宝永元年（一七〇四）九月十七日です。

⑫

解読文

福原刑部殿（ふくわらぎょうぶどの）
大田原頼母殿（おおたわらたのもどの）

⑫は本文書の宛所《あてどころ》となります。は「福原《ふくわら》」です。（原）の「厂《がんだれ》」は、このように横線のあと、楷書体のように左端からではなく、右端から左斜め下に短く線が続いて書かれるのが特徴です。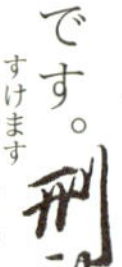は「刑部《ぎょうぶ》」で、（部）のは「阝《おおざと》」のよく見るくずし字体です。「福原刑部」の実名は資倍《すけます》で、交《こう》代寄合《たいよりあい》那須衆《なすしゅう》の一人です。かつての佐久山城《さくやま》（現栃木県大田原市佐久山）の跡に陣屋を構え、佐久山三千五百石を支配していました。交代寄合とは、参勤交代《さんきんこうたい》を行う旗本のことで、そのなかの那須衆は、那須・福原・芦野《あしの》・大田原の四家から構成されていました。は「殿《どの》」で、宛所の人名に付けて敬意を表しますが、「様」よりは敬意が軽くなります。

は「大田原《おおたわら》」です。（原）はすぐ右で見たのと同じ字体ですね。は「頼母《たのも》」です。（頼）は、（東）が初めに点を打って横線が引かれ、その右端で小さく時計回りに回ったあと、横線を突き抜けて縦線が引かれているのが特徴的です。「大田原頼母」の実名は清勝《きよかつ》です。大田原藩主大田原氏（外様大名、一万千四百石）の分家で、交代寄合那須衆の一人として森田（現栃木県那須烏山市森田）を中心とした千五百石の地を支配していました。

元禄十四年（一七〇一）、播磨国赤穂《あこう》藩主浅野長矩《ながのり》は勅使の接待役となりますが、三月十四日、その典礼の指南役をつとめる高家《こうけ》の吉良義央《きらよしなか》に江戸城内で斬りつけ、即日切腹となり（三十五歳）、その領地は没収となりました。そして翌元禄十五年十二月十四日に浅野家家老大石良雄以下の遺臣四十七人が吉良邸に討ち入り、長矩の仇を討ったことは有名です。

この浅野氏改易《かいえき》に伴い、元禄十五年（一七〇二）、下野烏山藩主永井直敬《なおひろ》が転封《てんぽう》となって、新たな赤穂藩主となりました。それによって、永井氏の居城であった烏山城の新たな城主が決定するまでの間、同城を守衛する必要が生じ、本史料の発給となったのです。すなわち本史料は、江戸幕府老中から交代寄合《こうたいよりあい》那須衆の福原資倍《ふくわらすけます》・大田原清勝《おおたわらきよかつ》に対して、永井氏転封に伴う烏山城の「在番」を命じる内容となっています。本史料の⑥冒頭に見える「別紙」とは、同日付で福原・大田原両氏宛てに同じく老中五名の連署で発給された「覚《おぼえ》」（大田原市那須与一伝承館寄託「福原家文書」）を指しています。この「覚」には、烏山城の「在番」に際して、福原氏が三千石、大田原氏が千二百石の役高をそれぞれ与えられること、及び烏山に赴き城を「請取」った後は、両氏とも家来を配置した上で「在所」（佐久山・森田）へ帰ってよいことが記されており、両氏に烏山城「在番」を命じることについて、幕府から永井直敬にも伝えた旨が付記されています。しかし、まもなく若年寄《わかどしより》で上総大多喜《かずさおおたき》藩主の稲垣重富《しげとみ》が新たな烏山藩主（譜代大名、二万五千石）として入封《にゅうほう》することが決定し、福原・大田原両氏が烏山城の「在番」をする必要がなくなり、両氏は（元禄十五年）九月二十九日付の老中奉書（同「福原家文書」）にてその通知を受けることになります。

【参考文献】

大田原市那須与一伝承館特別企画展図録『交代寄合那須氏・福原氏と大田原』（大田原市那須与一伝承館、二〇〇八年）

2 お殿様の日記――「増備之記 二之七」

（明和元年〈一七六四〉七月八日）

⑦ ⑥ ⑤ ④ ③ ② ①

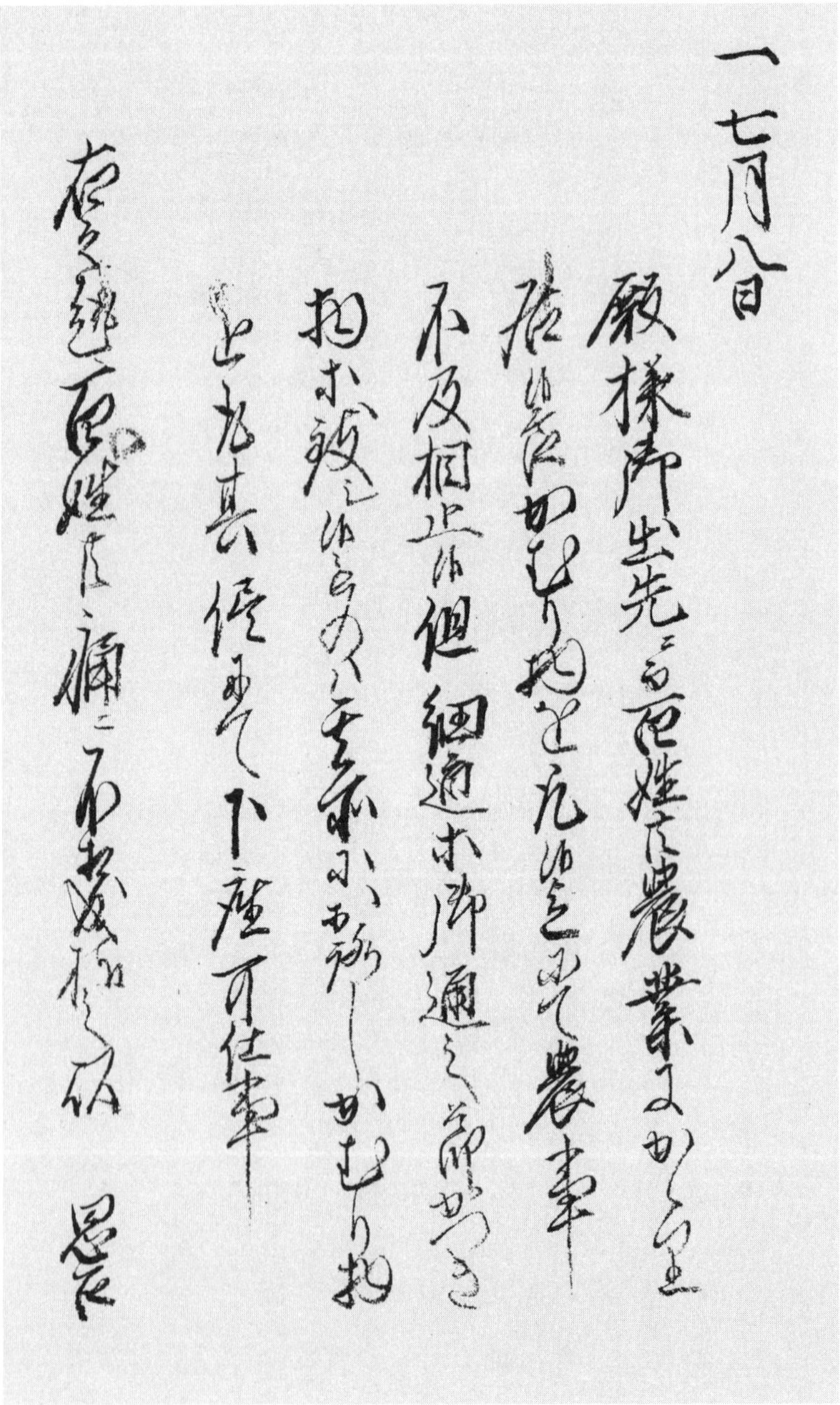
一 七月八日

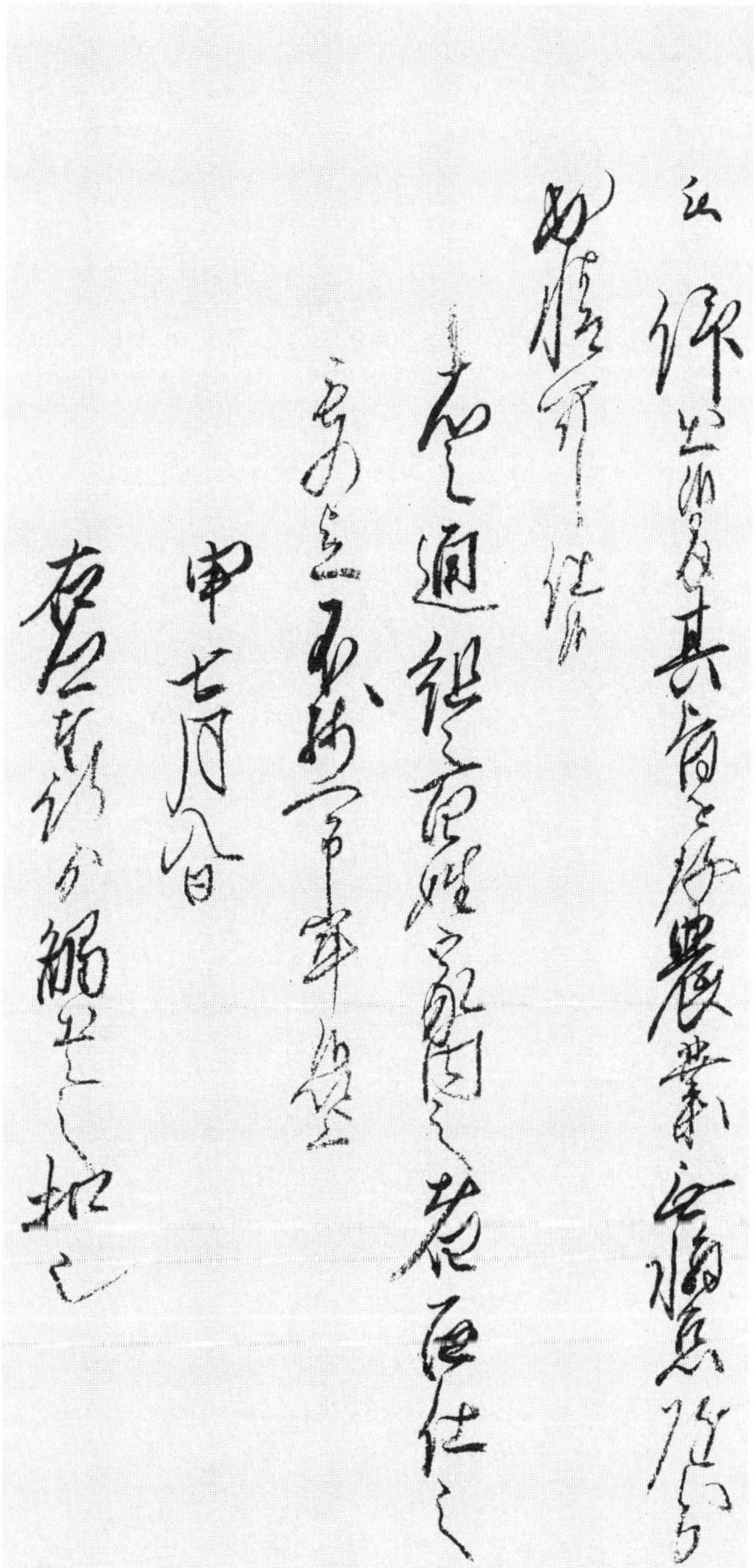

【あらすじ】　黒羽藩の郷奉行《ごうぶぎょう》から藩内の農民に向けた、殿様（大関増備《ますとも》）に遭遇した際の礼のあり方や農業への精励についての通達を、藩主大関増備が日記に記した。

①

解読文　一、七月八日（ひとつ、しちがつようか）

は「一《ひとつ》」です。この日記の筆者大関増備《ますとも》（下野国黒羽藩八代藩主）は、箇条書のように日付を記しています。すなわち、次の（七月八日）は、以下の文章の日付です。

②

解読文 **殿様御出先ニ而百姓共農業にかゝり**（とのさまおんでさきにて　ひゃくしょうどものうぎょうにかかり）

現代語訳 **殿様（大関増備）がお出かけになった先で百姓どもが農業にとりかかって**

は「**殿様**」です。①に続き、これも読みやすいですね。「**殿様**」とは黒羽藩主大関氏のことで、ここでは増備（当時三十三歳）を指しています。は「**御出先**《おんでさき》」です。（**出**）は、楷書体の左上の縦線から横線に続けて書かれる部分（二画目）から先に書かれて、中央の縦線（一画目）に続く形が特徴的なくずし字体となっています。次のは「**ニ而**《にて》」で、場所を示す助詞です。は「**百姓共**《ひゃくしょうども》」です。（**共**）は上の横線のあと、左側の縦線が引かれ、右上から右下にかけての少しくねくねした線に続いています。「**共**」は複数の目下《めした》の人物に付く接尾語です。次の（**農業**）は読みやすいですね。は「**にかゝり**」です。は「**尓**（**爾**）」という字を字母としている変体仮名の「**に**」で、は**踊り字**、は「**里**」を字母とする「**り**」です。

③

解読文 居候節、かむり物を取候迄にて農事（おりそうろうせつ、かむりものをとりそうろうまでにて　のうじ）

現代語訳 いる時には、（彼ら百姓は）頭に被っているものを取るだけでよく、農作業（の手）を成されています。

は上から中央部分にかけて虫喰い穴がありますが、「居《おり》」です。（尸《しかばね》）と（古）から構成されています。は「候節《そうろうせつ》」です。（候）は典型的なくずし字体ですが、（節）はかなりくずされていますね。は「かむり物を」です。仮名の部分は読みやすいですね。（物）の偏は、「扌《てへん》」と同じように書かれていますが「牛《うしへん》」です。「牛《うしへん》」から続けて書かれる旁もくずされていますが、「物」の典型的なくずし字体ですので、何度も臨書して覚えてしまいましょう。は「取《とり》」です。上に点が打たれ、筆が左下にのびてから、折り返し右上に続き、「乙」のような字が書かれて、最後に左上に戻って点が打たれています。は「迄《まで》」です。（乞）と（辶《しんにょう》）からなっています。で「取候迄《とりそうろうまで》」となります。は②の下から四字目とは少し字体が異なりますが、同じく「尓（爾）」を字母とする「に」です。で「にて」となります。は「農事」です。

④ 

解読文 不レ及二相止一候、但細道等御通之節、かつき（物等）（あいとむるにおよばずそうろう、ただし　ほそみちなどおとおりのせつ、かつぎ〈ものなど〉）

現代語訳 止めるには及ばない。ただし（殿様が）細い道などをお通りの時には、肩に担いでいる（荷物など）

(不《ず》)は打ち消しの助動詞で、返読文字です。で「不レ及《およばず》」となります。さらにその下の(相止)から返って、下の「候」につながり、「相止《あいと》むるに及《およ》ばず候《そうろう》」と読むのです。は「但《ただし》」です。(亻《にんべん》)から続く旁の(旦)も連綿と書かれています。は「細道《ほそみち》」です。(細)のは、筆が連綿と短く左下に二回続けて入り縦線に続いて、右上に鋭く撥ねる形の典型的な「糸《いとへん》」です。

は片仮名の「ホ」のように書かれますが、「等《など》」の異体字「ホ」です。よく見る字ですので、覚えるようにしましょう。は②三字目と同じ字体の「御」です。は「之《の》」で、は「節《せつ》」です。「節」は③の三字目よりはくずしがきつくないですが、やはり読みにくいですね。「⺮《たけかんむり》」がくずされると、「艹《くさかんむり》」のくずし字体と酷似してしまうことがあるのです。は「かつき」で、「担ぎ」のことです。

⑤ 

解読文　(かつき)物等致シ候ものハ其所におろし、かむり物(を)

〈かつぎ〉ものなどいたしそうろうものは　そのところにおろし、かむりもの〈を〉

現代語訳　(肩に担いでいる)荷物などがある者については、荷物をその所(地面)に下ろして、頭に被《かぶ》っているもの(を)

は「物」で、③の七字目で読んだのと同一の字体です。も④の九字目で見たのと同じ字体で、「等《など》」の異体字です。は「致シ」です。(致)は、左上の点から続く短い横線が下に下りて、時計回りに小さく○を書いて、さらに左下に筆が伸びて撥ねるところまでが、「至」のくずしとなっており、そこから旁（右側部分）のくずしに続いています。は「もの八」です。（も）は「毛」を字母としています。は「其《その》」の典型的なくずしで、点のあとに横線が引かれ、「く」の字に二回曲がる縦線に続きます。は（戸）と（斤）から構成される「所《ところ》」で、二文字で「其所《そのところ》」となります。は「尓（爾）」を字母とする「に」。は「おろし」です。（ろ）は「路」を字母としています。偏は「言《ごんべん》」のくずしにそっくりですが、「⻊《あしへん》」もくずされるとほとんど同じ形になってしまうのです。「⻊《あしへん》」のくずしイコール「言《ごんべん》」のくずしと言っても良いくらいです。旁のは「各」がくずされています。行末のは「かむり物」です。③に出てきたのと同じですね。

⑥ 

解読文 （かむり物）を取、其儘にて下座可ﾚ仕事、

（かむりもの）をとり、そのままにて　げざつかまつるべきこと、

現代語訳 （頭に被っているもの）を取って、そのままで土下座を致すべきこと。

は上の一部が虫喰い穴のため欠けていて読みにくいですが、「を」です。字母は「遠」です。次のは③の九字目と同じ字体の「取《とり》」です。は「其《その》」で、⑤九字目と比べずいぶん楷書体に近く、読みやすいですね。は「亻《にんべん》」と「尽」から構成されており、「侭」となりますが、これは異体字ですので、「儘《まま》」と表記しました。は「にて」です。（に）は「丹」を字母としており、「丹」の楷書体の一画目（縦画）を省略して、二〜四画目を連綿と書いています。は「下座《げざ》」です。「座」は「坐」の部分が「生」という字に変形された「庄」で、「座」の異体字です。「下座」とは平伏・土

下座を意味しています。両手をついて、座している場に頭を付けて礼をすることで、大名などの通行の際、身分の低い者が行った一般的な礼の形ということができます。次のは「可《べき》」です。命令の助動詞で、終止形（言い切りの形）は「べし」です。返読文字ですので、すぐ下の（仕《つかまつる》）から読んで「可」に返り、（事）に続いて、「仕《つかまつ》るべき事《こと》」と読みます。「仕」は「する、行う」の謙譲語です。

⑦ 

解読文 右之趣、百姓共痛ニ不二相成一様之以二　思召一

（みぎのおもむき、ひゃくしょうどもいたみにあいならざるようのおぼしめしをもって）

現代語訳 右に記した内容は、百姓どもの苦痛にならないようにとの（殿様の）お考えによって

は「右《みぎ》」です。「右」は楷書体では原則的に「ノ」から入りますが、ここでは「一」から書かれています。筆の運びが楷書体の書き順と異なることは、よくあることです。は（走《そうにょう》）と（取）からなっている「趣《おもむき》」です。旁の「取」は虫喰い穴が少しかかっていて読みにくいのですが、すでに③・⑥に出てきた字体と同じです。「右之趣」とは、「右に記した内容」といった意味で、②〜⑥の内容を指します。（百姓共《ひゃくしょうども》）はすでに②に同じ字体で出てきましたね。は「痛《いたみ》」で、の部分が「疒《やまいだれ》」です。右下に小さく（ニ）があります。次の（不《ざる》）は、打ち消しの助動詞で返読文字です。すぐ下のは接頭語の「相《あい》」です。「木《きへん》」も旁の「目」も、そのようには見えませんが、「相」の典型的なくずしですので、覚えるようにしましょう。続くは「成」です。楷書体の筆順の二画目（横線）が略され、一画目・三〜六画目が連綿と書かれています。これもよく見る字体ですので、慣れていきましょう。次の

は旁が大きくくずされていますが「様《よう》」ですので、で「相成《あいな》らざるよう」と読みます。は「以《もって》」で、返読文字です。すぐ下に一文字分の空白がありますが、これは差出者（筆記者）が敬意を払うべき人に関連する言葉の上を一字ないし二字分空けるもので、古文書学上、闕字《けつじ》といいます。つまり、ここでは行末の（思召《おぼしめし》）に対する差出者（②〜⑫の文書の差出者となっていた黒羽藩の郷奉行《ごうぶぎょう》）の敬意表現となっているのです。「思召」は考え・気持ちの敬称で、ここでは黒羽藩主大関増備《ますとも》の思し召しを意味しています。釈文《しゃくもん》（解読文）を記す際、闕字の部分は空白にしておきますので、は「以㆓　思召㆒」と記述し、「思《おぼ》し召《め》しをもって」と読むのです。

⑧

解読文　被㆓　仰出㆒候間、其旨を存、農業無㆓懈怠㆒随分

（おおせいだされそうろうあいだ、そのむねをぞんじ、のうぎょうけたいなく　ずいぶん）

現代語訳　仰《おお》せになられましたので、そのことを承知して、農業に対して怠けることなく、大いに

冒頭は尊敬の意味の助動詞「被《る》」で、返読文字です。は「仰出《おおせいだす》」ですので上に返って「仰《おお》せ出《いだ》され」と読みます。また、「被」と「仰出」の間にも一字分の空白があり、⑦と同様、黒羽藩主大関増備《ますとも》の仰せに対する郷奉行の敬意表現＝闕字となっているのです。「候」の次の（間）は「門《もんがまえ》」を上部に小さく書いているので、ちょっと読みにくいですね。「間《あいだ》」は、「〜なので」という理由を表わす言葉です。は「其旨《そのむね》を」です。は「旨」で、「旨」の異体字となっています。は「存」で、「ぞんじ」と読みます。は「無」の典型的なくずしで、返読文字です。漢数字の「二一」のように筆が入り、三

本目の横線をまたぐようにして、アルファベットの「Z」のように書かれています。その下のは「懈怠《けたい》」です。一字目の旁（解）は大胆にくずされていますが、偏のは「忄《りっしんべん》」のよく見る形です。で「懈怠無《けたいな》く」と読みます。行末のは「随分《ずいぶん》」です。（随）のは「阝《こざとへん》」で、は「辶《しんにょう》」のくずしとなっています。（分）は楷書体の一画目（ノ）のあと三画目が書かれ、四画目（「刀」の「ノ」の部分）を略したあと、最後に二画目（右上部分）が書かれているのです。

⑨

解読文 **出情（精）可レ仕候、**（しゅっせいつかまつるべくそうろう、）

現代語訳 精を出して励むようにしなさい。

は「出」です。既出（②・⑧）とは異なり、楷書体の二画目から四画目に当たる部分が先にくずされ、一画目の縦線に続き、最後に五画目と思しき点が打たれています。この字体も頻出ですので、何度も臨書して覚えましょう。続くは「忄《りっしんべん》」と「青」からなる「情」という字ですが、「精」の慣用として使われます。「出精」とは精を出して事に励むことを意味しています。は「可レ仕候《つかまつるべくそうろう》」です。

⑩

解読文 **右之通、組々百姓・家内之者・召仕之（もの）**（みぎのとおり、くみぐみひゃくしょう・かないのもの・めしつかいの（もの））

現代語訳 右のとおり、（名主《なぬし》らは）各組の百姓やその家族、召使いの（者）

は「右之通《みぎのとおり》」で、「右に記した通り」という意味です。次のは、片仮名の「ノ」の字のように左下に短く筆が二回入って、まっすぐな縦線につながり、右上に向かって撥ねる形の典型的な「糸《いとへん》」を持つ「組」です。次は踊り字なので、「組々《くみぐみ》」となります。「百姓」「家内《かない》」も割と読みやすいでしょう。は「召仕《めしつかい》」です。「召仕」とは、雑用に当たらせる奉公人（下男《げなん》・下女《げじょ》）を意味しています。

⑪ 

解読文　（召仕之）もの迄不レ残可二申聞一候、以上、

（めしつかいの）ものまでのこらずもうしきかすべくそうろう、いじょう、）

現代語訳　（召使いの）者に対してまで残らず言い聞かせるようにしなさい。以上。

冒頭は「もの」です。(も)は⑤の六字目に出てきたのと同じ字体で、「毛」が字母です。は③の下から五字目と同じ字体の「迄《まで》」です。次は打ち消しの助動詞「不《ず》」で、返読文字ですので、その下のから先に読みます。これは「残」ですので「残《のこ》らず」となります。次のは助動詞「可《べし》」の典型的なくずしです。覚えましょう。その下のは右側の半円を書いて縦線を引く形の「申」で、頻出します。は上部のが「門《もんがまえ》」でが「耳」、つまり「聞」となります。次の「候」に続けて、で「申《もう》し聞《き》かすべく候《そうろう》」と読みます。最後のは「以上」で、文書《もんじょ》の本文を締める言葉です。

⑫ 

解読文 **申七月八日**（さるしちがつようか）

一字目は「申《さる》」で、十二支《じゅうにし》の一つです。ここでは明和元年（一七六四）にあたります。次の「七月八日」は、黒羽藩の郷奉行から領内の名主ら宛てに発給された文書《もんじょ》（②〜⑪がその本文）の日付になります。

⑬ 

解読文 **右、郷奉行ゟ触出し之扣也、**（みぎ、ごうぶぎょうよりふれだしのひかえなり、）

現代語訳 **右（に書いた文章）は、（黒羽藩の）郷奉行から（領内の村々に）告げ知らせるために書かれた文書の控え（としてこの日記に書き留めたもの）である。**

は、筆が左斜め下に下り、平仮名の「つ」のように右側に伸びて、最後に下の横線が引かれています。これで「郷《ごう》」と読みます。頻出文字ですのでぜひ覚えてください。は「奉行《ぶぎょう》」です。「行」の右側「亍」の字体に注意しましょう。「郷奉行《ごうぶぎょう》」は、黒羽藩士が就任した役職の一つで、藩の決定事項を領内の村々へ通達したり、村々からの請願を家老に報告することなどを主な職務としていました。次は「よ」と「り」が一つになった合字《ごうじ》「ゟ《より》」です。は「觸」をくずしていますが、新字体（常用漢字）は「触《ふれ》」です。は「出」で、送り仮名（し）が付いています。三文字で「触出《ふれだ》し」となります。は「扣《ひかえ》」です。つまり、②〜⑫は、郷奉行から領内の村々に通達された文書を「扣」（控え）のために、藩主大関増備が自身の日記に記したものなのです。最後のは「也《なり》」で、断定の意味の助動詞です。楷書体の一画目を省略してくずしています。

解説

本史料は、下野国黒羽藩八代藩主大関増備《ますとも》の日記「増備之記《のき》」明和元年（一七六四）七月八日条です。彼の日記の内、宝暦十三年（一七六三）十月十日から十二月晦日《みそか》までは、「増備之記　一」として一冊に仕立てられており、翌年正月元日から同月二十九日までは「増備之記　二之一」として、以下、一月ごとに一冊に仕立てられています。つまり「増備之記　二之七」には、明和元年七月分の日記が綴られているのです。全冊とも表紙の裏に、「先憂後楽」という言葉（中国北宋の范仲淹《けんちゅうえん》著『岳陽楼記』の一節による）が記されており、為政者としての増備の意識が窺われます。

大関増備（一七三二―六四）は、宝暦十三年に黒羽藩主大関家の家督を相続し、翌明和元年六月二十五日に黒羽入りしますが、同年八月二十七日に死去しました。本史料は、死の一月余り前に、増備が最後に日記に記した内容で、黒羽藩の郷奉行《ごうぶぎょう》（沼藤内《とうない》、高梨藤太夫義法）から領内の農民に向けた「触出し《ふれだ》」（通達のために書かれた文書）の控えとして増備が書き留めたものです。増備が最後まで藩政への意欲を持っていたことが窺われます。本日記に記録された「触出し」を意訳してみれば、次のようになるでしょう。

殿様（大関増備）がお出かけになった先で、百姓どもが農作業にとりかかっている時には、彼らは頭に被っているもの（手ぬぐいなど）を取るだけでよく、農作業の手を止めるには及ばない。但し殿様が細い道などをお通りの際、通行中などで殿様にお遭いした場合には、肩に担いでいる荷物は地面に下ろし、被りものを取って、そのままで下座（平伏・土下座）を致すべきこと。ここに記した内容は、百姓どもの苦痛にならないようにとの殿様のご配慮によって仰せられた命令なので、そのことを承知して、農業に対して怠けることなく、大いに精を出して励むようにしなさい。右のとおり、名主《なぬし》らは、各組の百姓やその家族、召仕《めしつかい》の者に対してまで残らず言い聞かせるようにしなさい。以上。

【参考文献】

新井敦史『下野国黒羽藩主大関氏と史料保存―「大関家文書」の世界を覗く―』（随想舎、二〇〇七年）

3 飢饉への備え

——飢饉のため囲穀につき村々名主組頭共へ仰渡

申（文化九年〈一八一二〉）十一月

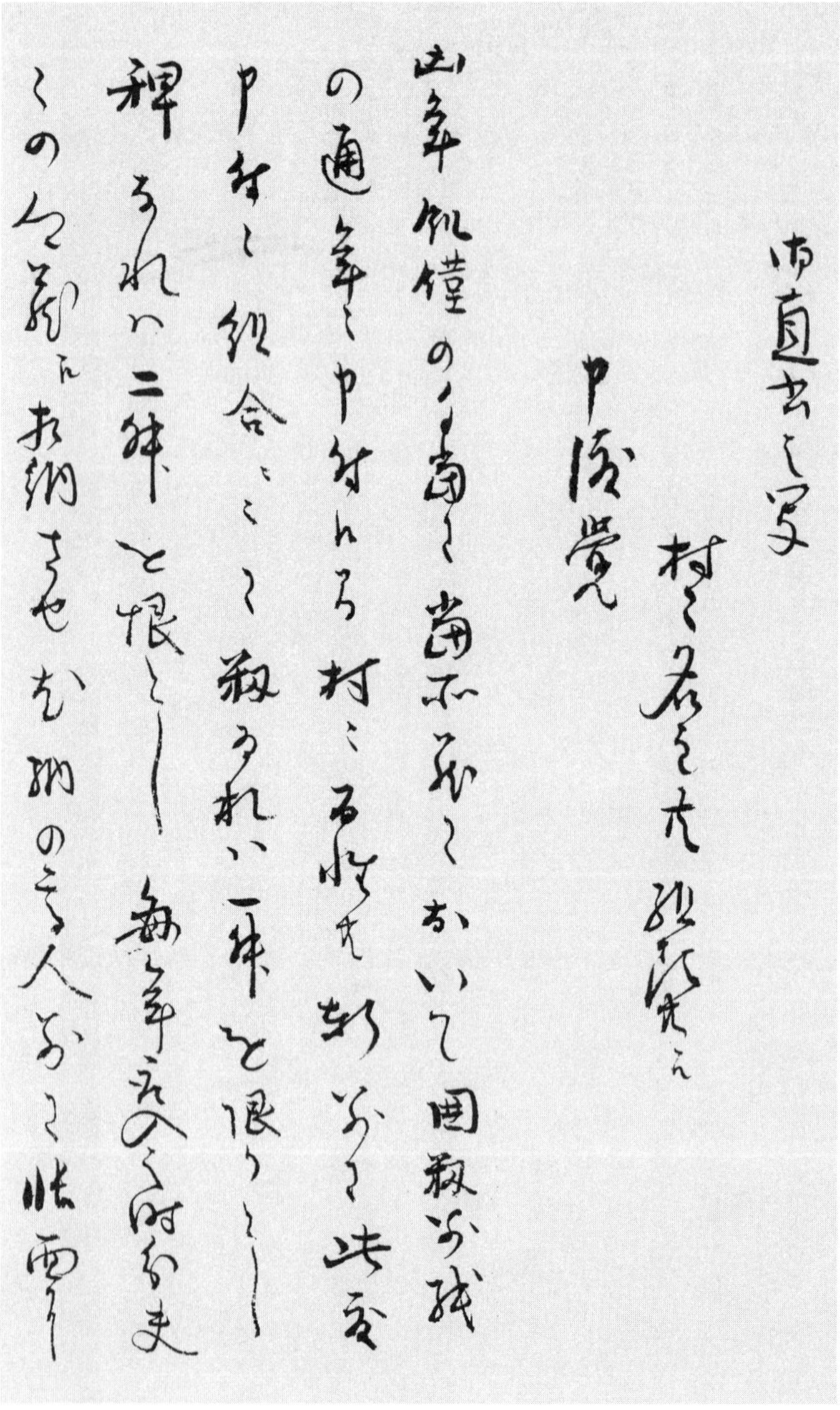
① 御直書之写
② 村々名主組頭え
③ 申渡覚
④
⑤
⑥
⑦
⑧

⑫ ⑪ ⑩ ⑨

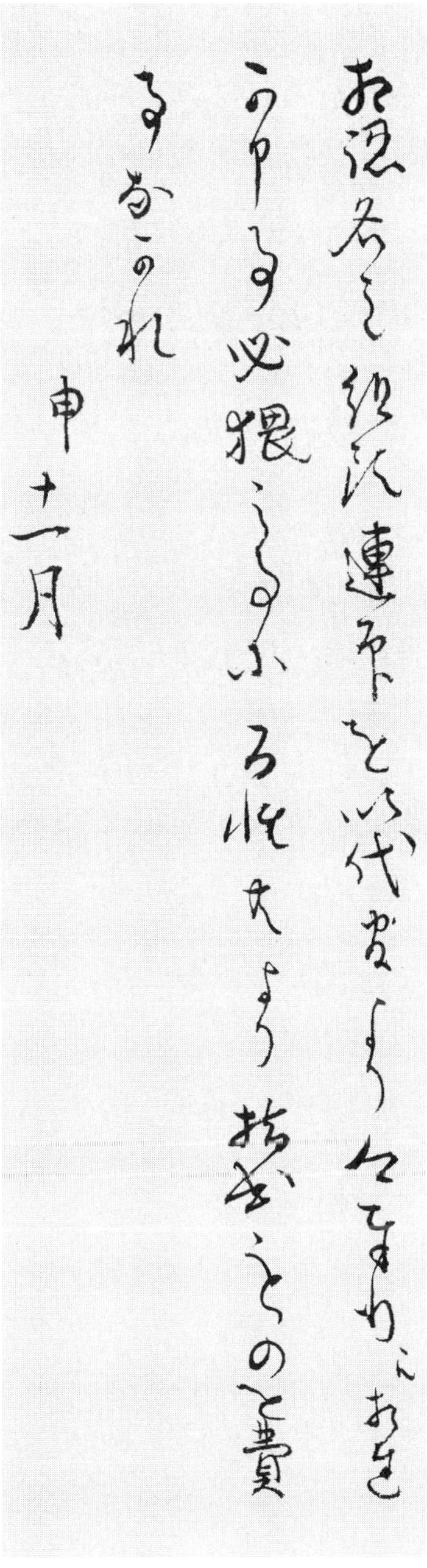

【あらすじ】黒羽藩主大関増業《ますなり》が藩内各村の名主《なぬし》・組頭《くみがしら》宛てに、飢饉《ききん》への備えとして各村の百姓一軒ごとに籾《もみ》や稗《ひえ》を郷蔵《ごうぐら》へ納めさせること、及びそれを記録して藩の役人へ報告することを命じた。

①

解読文 **御直書之写**（おんじきしょのうつし）

現代語訳 （黒羽藩主大関増業発給の）直書の写

は「御《おん》」で、名詞の上に付いて尊敬・丁寧の意味となる接頭語です。は「直書《じきしょ》」です。（書）は大きくくずされていて、縦線のあと二本の横線が連綿と書かれ、最後に右下に筆が押さえられています。掛幅《かけふく》に仕立てられている書画などの落款《らっかん》で、「誰々書《しょ》」と書かれる際にもよく見られる字体です。「**直書**」とは**直状**《じきじょう》ともいい、武家文書で発給者が奉者《ほうじゃ》を介さず、宛所《あてどころ》の人物に直接

意志を伝達することを目的として文面に署判し、年月日を記入して、命令の下達などの用途で発給した文書《もんじょ》のことです。奉者が命を奉《うけたま》わって発給する奉書《ほうしょ》とは対立する概念となります。ここでは「御」が付いており、直書の本文には署判はないのですが、下野国黒羽藩十一代藩主大関増業《ますなり》の直書という意味です。ただし、(之写《のうつし》)という言葉が示すとおり、②以下に書かれている文書は「直書」の正文《しょうもん》(原本)ではなく、大関増業が文化・文政期に編纂した黒羽藩の法典『創垂可継《そうすいかけい》』(二十冊一帖《じょう》)に所収の『親諭《しんゆ》』という冊子に筆写し、収録されているものなのです。

②

解読文 **村々名主共・組頭共江**　(むらむらなぬしども・くみがしらどもへ)

現代語訳 **(黒羽藩領内の)各村の名主・組頭の者たちへ**

は「村々《むらむら》」です。読みやすい字ですね。黒羽藩領内の「村々」を意味しています。は「名主共《なぬしども》」です。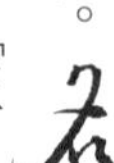(名)の「口」の部分はこのようにくずされることが多いようです。(主)は、点を打って「王」のくずしに続いています。「名主」とは農民身分で、村の長として村落の民政を行った人のことです。(共)は複数の目下《めした》の人物に付く接尾語です。大名目線での言葉ですから、当然こうした表現となる訳です。次のは「組頭共《くみがしらども》」です。(組)の(糸《いとへん》)は大きくくずされていますが、これも頻出の形ですので、臨書して覚えるようにしましょう。(頭)は(豆)と(頁《おおがい》)から構成されていますが、どちらも大きくくずされていますね。しかし「頁《おおがい》」はこのように大胆にくずされることが多いので、慣れていきましょう。「組頭」は村内の本百姓《ほんびゃくしょう》

（年貢を納入する義務を負っている百姓）から選ばれる村役人で、名主を補佐しました。（共）は、上の横線の右端から筆が左斜め下に下りて、そこから上に上がって右下につながっていく書き方になっています。行末のは「江」で、相手を示す助詞「へ」です。（氵《さんずい》）も（工）もくずされていますが、助詞として右側に寄せて小さめに書かれています。「村々名主共・組頭共」が本「直書」の宛所《あてどころ》です。

③ 

解読文 **申渡覚**　（もうしわたしおぼえ）

現代語訳 （黒羽藩領内各村への）言い渡し内容の覚書

は「申《もうし》」です。楷書体の左側を略してくずす頻出字体ですので、覚えるようにしましょう。は（氵《さんずい》）と（度）からなる「渡《わたし》」で、旁の「度」はかなりくずされていますが、部分が「广《まだれ》」です。「申渡《もうしわたし》」は命令や決定事項を告げ知らせることを意味しています。は「覺」がくずされていますが、新字体（常用漢字）は「覚《おぼえ》」で、覚書《おぼえがき》を意味しています。「申渡覚」は④以下の文書（本文）の表題となります。

④ 

解読文 **凶年・飢饉の手当に当所蔵において囲籾別紙（の通、）**　（きょうねん・ききんのてあてにとうしょくらにおいて　かこいもみ　べっし〈のとおり、〉）

現代語訳 不作の年や飢饉に対する備えとして、当所（黒羽藩）の倉において籾を貯蔵することにつ

いて別紙（のとおり、）

は「凶年《きょうねん》」で、「不作の年」という意味です。のは「飢饉《ききん》の」で、は「飠《しょくへん》」です。「飢饉」は農作物の不作によって食糧が欠乏することを意味しています。次のは「手」です。楷書体の一画目のあと、四画目にあたる縦線が引かれ、下の部分で筆が小さく時計回りに回っています。は「當」がくずされていますが、新字体（常用漢字）は「当」です。で「手当《てあて》」となります。準備のことで、ここでは飢饉に備えることを意味します。次のは「尓（爾）」を字母とする変体仮名の「に」です。は「当所《とうしょ》」で、（所）は（戸）と（斤）から構成されており、頻出の字体です。次のはかなりくずされていますが、「蔵」です。は「において」で、（に）は四字上と同じ字体です。は「囲籾《かこいもみ》」で、囲穀《かこいこく》ともいって、飢饉などに備え城内や郷村の倉に米穀を貯蔵することを意味しています。「囲籾」という言葉が示すように、長期保存にたえる籾が主な貯蔵対象となっていました。言うまでもありませんが、「籾」とはまだ脱穀していない、外側の殻が付いたままの米のことです。次のは「別」で、（刂《りっとう》）のくずしが特徴的な字です。行末のは「紙」で、②六字目の（組）と同じ字体の「糸《いとへん》」となっています。で「別紙《べっし》」となります。

⑤

解読文 （別紙）の通、年々申付候間、村々百姓〔姓〕共軒別に此度（〈べっし〉のとおり、ねんねんもうしつけそうろうあいだ、むらむらひゃくしょうどものきべつに　このたび）

現代語訳 （別紙）のとおり、年ごとに命令しているので、各村の百姓たち一軒ごとにこのたび

は「の通《とおり》」です。結構読みやすいですね。は「年」と踊り字で、「年々《ねんねん》」です。は「申付《もうしつけ》」。(申)は③で読んだのと同じ字体ですね。(付)は(亻《にんべん》)と(寸)からなっています。は「候《そうろう》」です。はパッと見、「呂」という字に似ていますが、(門《もんがまえ》)と(日)から構成される「間《あいだ》」で、理由を示し、「〜なので」と訳します。は(木《きへん》)と(寸)からなる「村」ですので、で「村々」となります。は「百」で、は(忄《りっしんべん》)と(生)からなる「性」ですが、正しくは「姓」です。は②で読んだのと同じ「共《ども》」です。次のは「軒《のき》」。「斬」にも通じる字体ですが、意味を考えながら判読する必要があります。いずれにしても(車《くるまへん》)は特徴的なくずしなので、要チェックです。は既出(④)で「別」、は④の八字目で見た変体仮名の「に」です。「軒別に《のきべつ》」は「一軒ごとに」という意味になります。次のは「止《とめへん》」と「匕」が混然とした形で書かれている「此《この》」です。行末のは③の(渡)の旁《つくり》と同じ「度」ですので、「此度《このたび》」となります。

⑥

解読文

申付候《もうしつけそうろう》、組合々々《くみあいくみあい》に、籾《もみ》なれハ《なれば》一升《いっしょう》を限《かぎ》りとし、

現代語訳

(米穀を貯蔵することについて)命令するものである。(各村のなかの)組合ごとに、籾であれば一升を限度として、

冒頭の(申付《もうしつけ》)は⑤に出てきましたね。はこの字だけを見たら踊り字にも見えますが、それでは意味をなさず、ここでは「候《そうろう》」として書かれているのです。⑤の七字目に見える(候)よ

りもさらにくずされた形です。「候」はきわめて頻出する言葉なので、この字のように記号の如く極端にくずされることがあるのです。は「組合」です。(組)の(糸《いとへん》)は、②の(組)や④の(紙)に見える「糸《いとへん》」とは形が異なりますが、こちらの方が楷書体にやや近いですね。ともに「糸《いとへん》」として頻出しますので、覚えましょう。は踊り字が二文字続いており、「々々」と表記しました。すぐ上の二文字と同じという意味なので、「々々」イコール「組合」となります。次のはまたぞろ踊り字か、それとも大きくくずされた「候」かと思われるかもしれませんが、「尓(爾)」を字母とする変体仮名の「に」なのです。よく見ると、④・⑤に出てきた字体と同じでしょう。(籾《もみ》)は読めますね。は「なれ八」です。は「奈」を字母とする「な」で、「なれ八」は「なれば」と読みます。古文書においても濁点の付く字を見ることがありますが、読みが明白な場合にはいちいち濁点が付けられたりはしないのです。は「一升《いっしょう》を」です。は「升」の異体字「舛」がくずされています。「升」は尺貫法の容量の単位で、「一升」は十合《ごう》です。約一・八リットルに相当します。は「限りとし」です。(限)のは「阝《こざとへん》」です。(り)は「利」、(と)は「止」、(し)は「之」をそれぞれ字母としています。

⑦

解読文 **稗なれ八二升を限とし、毎年取入之時分夫(々の)**（ひえなればにしょうをかぎりとし、まいとしとりいれのじぶん　それ〈ぞれの〉）

現代語訳 稗であれば二升を限度として、毎年農作物の収穫の折にそれ(ぞれの)

は「稗《ひえ》なれ八《ば》」です。「稗」は山間部や痩《や》せ地では主食として、平野部では主に救荒作物として栽培されていました。⑦の前半部分は⑥の後半と対になっていますので、読みやすいのではないでしょうか。は「毎年」です。次のは「取」。(耳)と(又)から構成されていて、筆の運びとしては、上の点に続いて引かれた短い横線が縦に下りて、そこから右側に山型に進んで、最後に左側中段の位置に点が打たれています。で「取入《とりいれ》」となります。農作物の収穫のことです。次のは①の四字目と同じ「之《の》」です。は「時分《じぶん》」。は「時」の異体字「时」がくずされています。(分)はよく見る字体ですので、慣れていきましょう。行末のは「夫《それ》」です。

⑧

解読文　(夫)々の郷蔵江相納させ、尤納の高人別に帳面に

(それ)ぞれのごうぐらへあいおさめさせ、もっとも　のうのたかにんべつにちょうめんに

現代語訳　(それ)ぞれの郷蔵へ納めさせて、一方で(郷蔵へ)納入した(穀物の)分量を各人ごとに帳面に

冒頭のは踊り字で、⑦の行末から続き「夫々《それぞれ》」となります。は「郷蔵《ごうぐら》」です。(郷)は、片仮名の「ノ」の字のように筆が入り、平仮名の「つ」のように右側に続いて、右下に筆が押さえられています。(蔵)は④の十一字目に出てきたのと同様かなりくずされていますが、典型的な字体です。「郷蔵」とは、郷倉とも書き、凶作に備える穀物を入れておくために、村々に設けられていた倉のことです。はすでに②の行末に見えている「江」です。動作・作用の方向を示す助詞「へ」

で、やはり右寄せに小さめに書かれています。は「相納《あいおさめ》」です。(相)は(木《きへん》)と(目)から構成されていて、典型的な字体ですので、臨書して覚えてしまいましょう。語調を整え、意味を強めるはたらきがある**接頭語**です。(納)は(糸《いとへん》)と(内)からなっていて、「糸《いとへん》」は⑥四字目の(組)のそれに通じるくずしとなっています。は「させ」です。次のは「尤《もっとも》」で、「一方で」といった意味になります。は「納《のう》」ですが、四字上の(納)とは「糸《いとへん》」のくずし字体が異なっており、②下から四字目の(組)や④行末の(紙)の「糸《いとへん》」と同じです。は「高《たか》」で、分量という意味です。次のは「人別《にんべつ》に」です。(別)はすでに④の下から二字目と⑤の下から四字目に見えている特徴的な字体です。「前」と読み違えないように。(に)は何度も出てきましたね。慣れてきましたでしょうか。「人別に」は「各人ごとに」という意味になります。次のは「帳面」です。(帳)は(巾《はばへん》)と(長)から構成されています。「巾《はばへん》」は楷書体でも「忄《りっしんべん》」と似ていますが、くずすとそっくりになってしまいますので、意味を考えながら判読しましょう。旁《つくり》の(長)は、まず右上から左下にかけて下りた線が四十五度くらいの角度で右横に曲り、上に戻ってそこから縦線と右下部分に続いています。(面)は「西」のくずしにも似ていますので要注意。行末のはこれまでに出てきたのとは異なって、「耳」を字母とする「に」です。

⑨

解読文 **相認、名主・組頭連印を以、代官より郷奉行江相達**（あいしたため、なぬし・くみがしられんいんをもって、だいかんよりごうぶぎょうへあいたっし）

現代語訳　書き記し、名主・組頭の連印によって、（黒羽藩の）代官を通して郷奉行へ告げ知らせる

は「相認《あいしたため》」です。（相）は⑧の六字目にも出てきましたね。（認）は（言《ごんべん》）と（忍）から構成されています。とは②に出てきた「名主《なぬし》」と「組頭《くみがしら》」ですが、（組）の「糸《いとへん》」は②のそれとは異なり、⑥の四字目と同じものです。次のは「連印《れんいん》」です。（印）の筆の運びは、上の点から「つ」の字のように続き、長めの縦線、そして右下の点となっていて、「仰《おおせ》」の旁のくずしにも通じるものです。「連印」とは、一つの書面に対して二名以上の者が姓名を列記して、押印することを意味しています。は「を以《もって》」で、「〜によって」という意味です。（以）は頻出しますので、臨書して覚えましょう。次のは「代官《だいかん》」です。（官）の部首は「宀《うかんむり》」ですが、筆の運びとしては先に「冖《わかんむり》」を書いてから、それを突き抜ける形の縦線に続くのが特徴的です。「代官」というと、江戸時代に幕府の直轄地を支配した地方官の職名というイメージが強いと思いますが、ここでは大名が年貢収納その他につき、地方支配にあたらせた役人のことで、黒羽藩では郷奉行の下位に位置付けられていたようです。は「より」です。合字ではなく、平仮名二文字で書かれています。次のは⑧の三字目と同じ「郷《ごう》」です。は⑤の下から五字目（軒）の「車《くるまへん》」にも似ていますが、「奉《ぶ》」です。は平仮名の「り」のように書かれたあと、左側に点が打たれる形の「行《ぎょう》」です。「郷奉行《ごうぶぎょう》」は黒羽藩の役職の一つで、藩の決定事項を領内の村々へ通達したり、村々からの請願を家老に報告していました。「郷奉行」の右下には（江）があります。行末のは「相達《あいたつし》」です。（達）は（幸）と（辶《しんにょう》）から構成されますが、（幸）は四字上の（奉）とよく似ていますので、注意が必要です。また、このような形の「辶《しんにょう》」はよく使われますので、慣れるようにしましょう。

⑩ 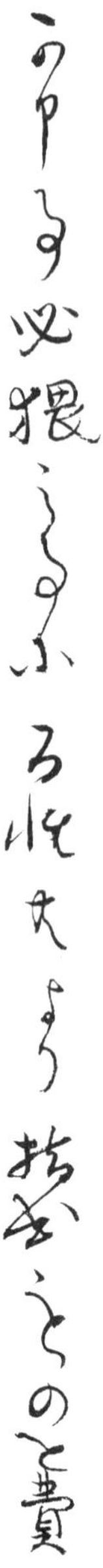

解読文 (相達)可レ申事、必猥之事に百性(姓)共より指出ものを費　（〈あいたっし〉もうすべきこと、かならずみだりのことに　ひゃくしょうどもよりさしだすものをついやす）

現代語訳 (告げ知らせる)べきこと。必ず思慮・分別を欠くようなことに(対して)百姓たちから差し出したもの(穀物)をむだに使う

冒頭のは命令の助動詞で返読文字の「可《べし》」です。その下のは③と⑥に見える「申《もうす》」です。次のは「事《こと》」。右側の輪郭を生かすような形で大きくくずされていますが、よく見る字体ですので覚えましょう。で「申《もう》すべき事《こと》」と読みます。ただし、ここでの「申」は「言う」の謙譲語ではなく、⑨の行末「相達《あいたっし》」に付く補助動詞で謙譲の意を表わしています。(必《かならず》)は読めますね。は「猥之事《みだりのこと》」で、「思慮や分別を欠くこと」という意味です。は「小」という字に似ていますが、④の八字目などと同じく、「尓(爾)」を字母とする変体仮名の「に」なのです。次のは「百性共より」ですが、「百性」は⑤同様、「百姓」ですので、「百性(姓)」と表記しました。は「指出《さしだす》」です。(出)は楷書体の二〜四画目にあたる上下の横線を先に書き、次に一画目の縦線が引かれ、最後に五画目にあたると思しき点が打たれています。頻出しますので、臨書して覚えるようにしましょう。は「ものを」で、(も)の字母は「毛」です。ついでに言いますと、(の)と(を)の字母はそれぞれ「乃」と「遠」です。行末のは「費《ついやす》」で、「浪費する、むだに使う」という意味です。

⑪ 

解読文 **事なかれ、**（ことなかれ、）

現代語訳 **ことがないようにせよ。**

は「事」です。⑩で見ましたね。は「なかれ」です。(な)は「奈」、(か)は「可」、(れ)は「礼」をそれぞれ字母としています。「なかれ」（勿れ、莫れ）はいろいろな動作を禁止する意味の言葉です。

⑫ 

解読文 **申十一月**（さるじゅういちがつ）

は「申《さる》」で、十二支《じゅうにし》の一つです。ここでは文化九年（一八一二）にあたります。（十一月）と合わせ、②以降の「直書」の日付となっています。

解説

本史料は、文化八年（一八一一）十一月に伊予国大洲《いよのくにおおず》（現愛媛県大洲市）藩主加藤家からの養子として大関家の家督を継ぎ、下野国《しもつけのくに》黒羽藩十一代藩主となった大関増業《ますなり》（一七八二―一八四五）から藩領内「村々名主共・組頭共」に宛てた**仰渡書**《おおせわたししょ》（文化九年〈一八一二〉の十一月付）の**写**《うつし》です。大関増業が文化・

文政期に黒羽の歴史と地理、藩の制度と礼式を二十冊一帖《じょう》にまとめた『創垂可継《そうすいかけい》』に収録される『親諭《しんゆ》』という冊子に載せられています。内容としては、「凶年・飢饉」に備え、藩としても「囲籾《かこいもみ》」を指令してきたが、藩領内の村々においても「百姓共」一軒ごとに同様の命令を行うこととし、村内の各組合ごとに籾《もみ》なら一升、稗《ひえ》なら二升を限度として収穫期に各「郷蔵《ごうぐら》」へ貯蔵させて、それぞれの分量を百姓各人ごとに記録し、その「帳面」に名主・組頭が署名・捺印の上、藩の代官経由で郷奉行へ提出するようにせよ、との命令書になっています。さらに、「百姓共」から差し出された穀物を名主・組頭ら村役人が、道理に合わない用途につかうことのないように、と釘を刺しています。

また、本史料からは、名主ら村役人から黒羽藩に提出される文書の流れも見え、名主・組頭から「帳面」が代官を経て郷奉行に提出されていることがわかります。さらに、関連する他の史料も合わせ読むと、そのあと郷奉行から家老に「帳面」が提出となり、藩主大関増業も確認した上で、「帳面」は家老から郷奉行を経由して、名主の手元に返される、という流れになっていたことが判明するのです。

大関増業が「蔵」（黒羽城内の穀物倉と考えられます）や「郷蔵」（郷倉）に籾など穀物を貯蔵させて、飢饉への備えをしていたことがわかりますが、黒羽藩において郷蔵（倉）制度を敷いた先駆者は、増業の治世以前の黒羽藩士鈴木武助正長《ぶすけまさなが》（一七三一―一八〇六）でした。鈴木武助は十八世紀後半の同藩において、幼い九代藩主大関増輔《ますすけ》を補佐する祖父で七代藩主であった大関増興《ますおき》により、取り立てられました。すなわち、武助は明和五年（一七六八）、新規役の郷方吟味役《ごうかたぎんみやく》（御用人《ごようにん》格の役職）に任ぜられ、それとともに同藩は、享保期（一七一六―三六）以降危機的状況を示していた藩財政を立て直すべく、本格的に藩政改革に乗り出すことになったのです。郷方吟味役は、家中《かちゅう》（藩士）や藩領内の百姓・町人の政道向きを改める全責任を負う役目で、武助は藩領内の村々をくまなく回って仕法（改革の進め方）の趣旨を説明し、郷方取締りの諸法を次々に発令して、農政の推進にあたっていました。あの天明の大飢饉に際しても、武助の指導による郷蔵（倉）制度によって、黒羽藩領内からは一人の餓死者も出すことがなかったと言われています。

鈴木武助の死後、病弱な黒羽藩十代藩主大関増陽《ますはる》（増輔の嫡男《ちゃくなん》）の養子として四国から迎えられた増業は、八代藩主大関増備《ますとも》（増輔の父）の藩政改革への遺志を継ぎ、武助の施策を受け継いで、財政再建に向けた藩政改革を実施していったのです。増業の改革策の中核をなしていたのは、倹約の重視と家中借上《かちゅうかりあげ》（藩士へのサラリーカット）でありましたが、殖産興業策にも力を入れていました。具体的には江戸廻米《かいまい》を中心とした河岸《かし》運送取締りや、藩領内での特産品（スギ・ヒノキ等の植林、漆栽培など）奨励といった内容です。

一方、大関増業は類稀《たぐいまれ》なる学者・文化人大名としても知られ、その生涯で残した編著書の数は二十余種・七百五十余巻に及ぶ膨大なものでありました。彼の主要編著書の一つが『創垂可継』であり、その内の一冊『親諭』に本節で取り上げた史料も収録されているのです。増業が『創垂可継』を編纂した背景には、祖先が天命によりつとめていた職を子孫が受け継いでいるのは、祖先の徳によるのであり、祖先の法を守らなければ、天はその職を廃する、といった松平定信の君主論が存在していました。また、当時は民間でも旧記・地誌編纂の機運が高まりつつあり、幕府も歴史・地理・法制・外交等にわたる数多くの書物を編纂していました。『創垂可継』は、まさにこのような時代状況のなかで編纂されたのです。

【参考文献】

須永（阿部）昭「黒羽藩の藩政改革」（『栃木県史研究』六、一九七三年）
羽賀祥二『史蹟論―一九世紀日本の地域社会と歴史意識―』（名古屋大学出版会、一九九八年）

4 藩校の校則——何陋館壁書

（年月日未詳）

⑩　⑨　⑧　⑦　⑥　⑤　④　③　②　①

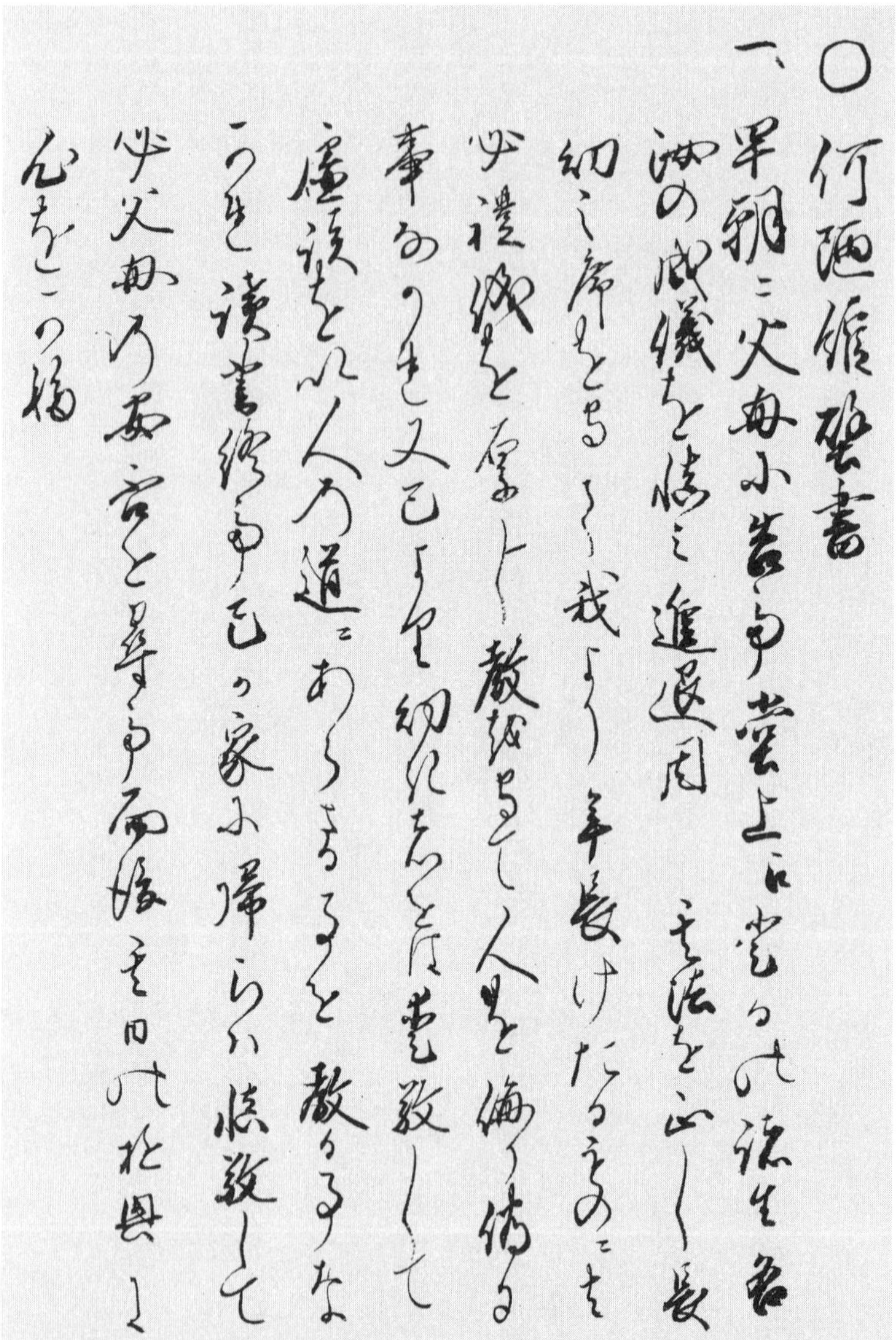

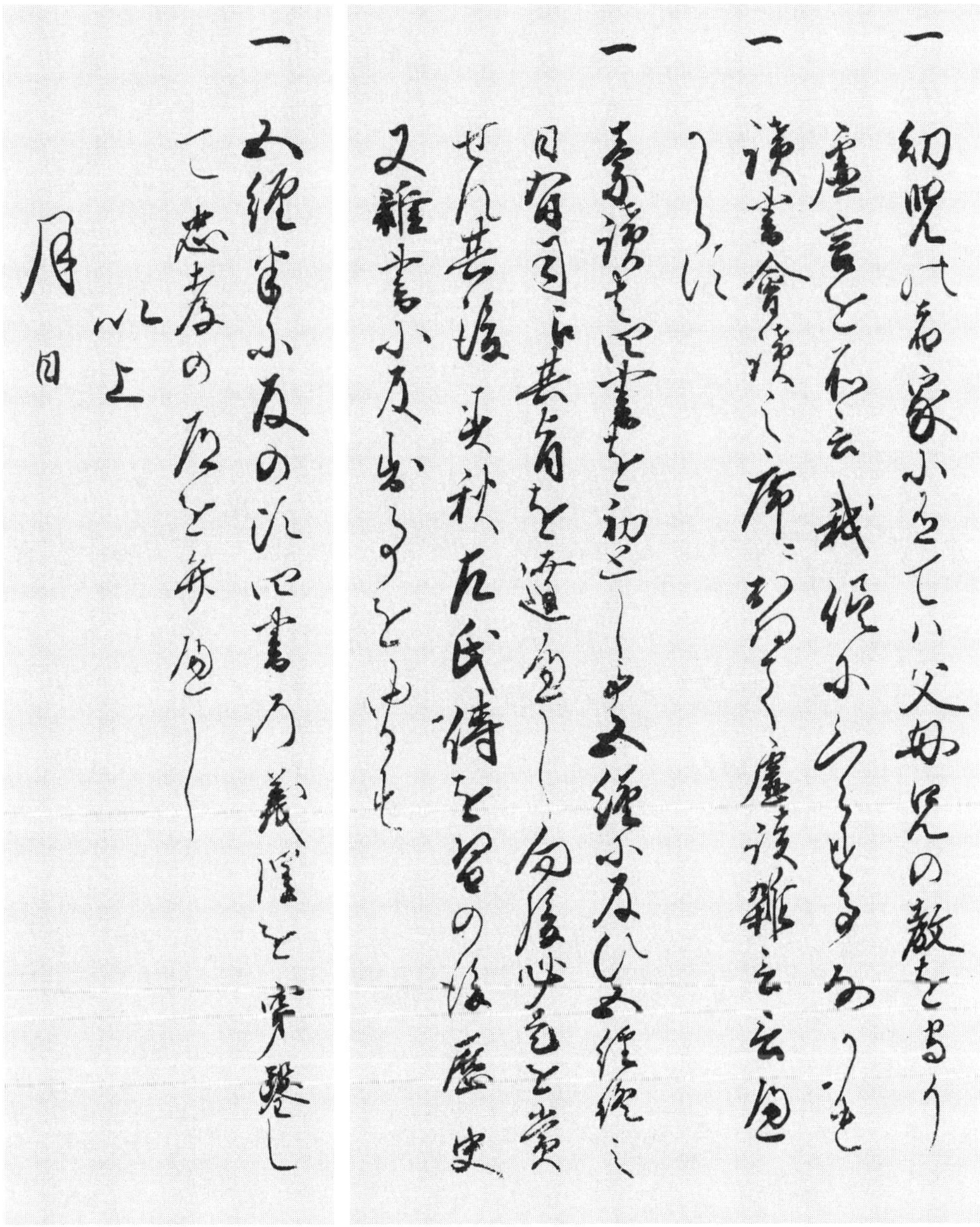
⑪ 一 幼児ハ在家ニゐてハ父母兄の教をうけ
⑫ 虚言を不云我儘ニならさる事を
⑬ 一 読書会読之節ニおゐて虚談雑話云間
⑭ しく候
⑮ 一 素読ハ四書を初とし孝経小学及ひ五経纂ニ
⑯ 且習司ニ其旨を通すへし句読必芝を受
⑰ せれ其後春秋左氏伝を習の後歴史
⑱ 又雑書ニ及ふ事を心得へし
⑲ 一 五経ニ不及の以四書乃義理を會得し
⑳ 忠孝の道を知るへし
㉑ 以上
㉒ 月 日

【あらすじ】 黒羽藩主大関増業《ますなり》が、藩士の子弟がわきまえるべき礼儀や学習する手順などからなる藩校の校則を定めた。

① 〇何陋館壁書

解読文 **何陋館壁書**（かろうかんへきしょ）

現代語訳 **（下野国黒羽藩主大関増業が開設した藩校）何陋館の壁に掲示した校則**

何は亻（亻《にんべん》）と可（可）から構成される「何《か》」で、陋は「陋《ろう》」、館は飠（飠《しょくへん》）と官（官）から構成される「館」ですので、三文字で「何陋館《かろうかん》」となります。文化・文政期の黒羽藩十一代藩主大関増業《ますなり》（一七八二―一八四五）が、文政三年（一八二〇）、藩士の子弟教育のため、黒羽城三の丸の一角（現在の黒羽芭蕉の館付近、宝寿院稲荷社の北側）に創設した藩校のことです。「陋」は卑しいという意味で、館名の「何陋」は「論語」（中国の四書五経《ししょごきょう》の一つ）を出典として、君子がいるならば君子に感化されてそのあたりの卑しい習俗はなくなる、といった意味になります。当時、第一級の文化人大名として著名であった大関増業が、黒羽の陋風《ろうふう》を正すことを意図して命名したのでしょう。壁は辟（辟）と土（土）からなる「壁」で、壁書は「壁書《へきしょ》」となります。掟や心得などを紙や板に書いて壁に貼り付けた掲示のことです。「何陋館壁書」の題を持つ以下の文章（校則）は、大関増業が編纂した『創垂可継《そうすいかけい》』（二十冊一帖）所収の『諸職掲示《しょしょくけいじ》』という冊子に収録・掲載されています。

②

解読文 一、早朝ニ父母に告て、堂上江登るの諸生、各（ひとつ、そうちょうにふぼにつげて、どうじょうへのぼるのしょせい、おのおの）

現代語訳 第一条、早朝に父母に挨拶して、藩校へ登校する諸生徒は、各自白

「一《ひとつ》」に続けて「早朝ニ」です。の偏のくずし方に注意しましょう。次のは「父母に」で、(に)は「尒（爾）」を字母とする変体仮名となっています。は「告《つげ》て」で、(て)は「帝」を字母とする変体仮名です。は「堂上江《どうじょうえ》」で、「堂上」はここでは黒羽藩校を指すと考えられます。(江)は方向を示す助詞「へ」として、右側に寄せて小さく書かれます。「登るの」です。(登)は(癶《はつがしら》)と(豆)から構成されており、どちらもちょっと極端なまでにくずされていますが、よく見る字体ですので、臨書して覚えましょう。(る)はこのように、上の横線が略され、小さく丸まって書かれることが多いので、慣れるようにしましょう。(の)は「能」を字母とする変体仮名です。次のは(言《ごんべん》)と(者)から構成されている「諸」です。この「言《ごんべん》」は典型的なくずし字体ですので、是非覚えて下さい。で「諸生《しょせい》」となります。行末のは「各《おのおの》」で、筆は楷書体の書き順通りに連綿と走っています。

③

解読文 汝の威儀を慎ミ、進退固、其法を正し、長（幼之）（なんじのいぎをつつしみ、

しんたいかたく、そのほうをただし、ちょう〈ようの〉

現代語訳 自身の作法にかなった立居振舞いを過ちがないようにして、立居振舞いをしっかりとして、藩校のきまりを正しく行い、年長者と（年少者の）

は「汝《なんじ》の」で、「汝」は同等以下の相手を指す言葉です。次のは「威儀《いぎ》を」で、「威儀」とは「作法にかなった立居振舞い」を意味しています。は（忄《りっしんべん》）と（真）からなる「慎」で、次の字とともに「慎《つつし》ミ」となります。「過ちがないようにする」という意味です。は「進退《しんたい》」です。割と読みやすいですね。は「周」という字に見えますが、それでは意味をなしません。これは「固《かたく》」です。その下に一、二字分の空白があり、に続いています。は「其《その》」で、点を打って横線が引かれ、「く」の字形に二回縦線が曲っています。は（氵《さんずい》）と（去）からなる「法」です。「其法《そのほう》」は、その上の一、二字分の空白部分を闕字《けつじ》（その下に続く言葉の主体に対する筆記者の敬意表現としての空白）と見れば、藩校何陋館の法（きまり）を意味するものと考えられましょう。「何陋館壁書」本文を実際に書記した藩士が、藩主大関増業創設の藩校のきまりに対して敬意を表わしたものと考えられるのです。は「正《ただ》し」です。（正）は楷書体の一画目（上の横線）が点で表わされたあと、四・五画目（左の縦線と下の横線）が続けて書かれ、最後に二・三画目がくずされています。行末の「長《ちょう》」は読めますね。

④ 

解読文 （長）幼之席〔序〕を守て、我より年長けたるもの二者、

〈〈ちょう〉ようのじょをまもりて、われよりとしたけたるものには、〉

現代語訳 （年長者と）年少者の間の社会慣習上の順序を守って、自分より年長の者には、

は③行末から続いて、「長幼之《ちょうようの》」となります。三字目は「席」という字ですが、意味的に「序《じょ》」の書き違いと考えられます。「長幼之序」とは、「年長者と年少者の間の社会慣習上の順序、年齢による規律」という意味です。は「守《まもり》て」。「守」は「宀《うかんむり》」と「寸」からなっていますが、筆の運びとしては「冖《わかんむり》」を書いてから、それを突き抜ける形で上から縦に下りて、「寸」のくずしに続くところが特徴的です。（て）の字母は「天」となります。は「年長《とした》けたる」で、は「もの二者《は》」です。（も）の字母は「毛」です。（者）は、物事を他と区別して取り出していう助詞の「は」で、筆の運びは横線のあと、縦線が「く」の字形に二回曲っており、よく見る形となっています。

⑤

解読文 **必礼儀を厚し、教を守て、人を侮り偽る**（かならずれいぎをあつくし、おしえをまもりて、ひとをあなどりいつわる）

現代語訳 必ず礼儀を厚くし、教えを守って、他人を侮ったり偽ったりする

冒頭の（必《かならず》）は読めますね。次のは、（礻《しめすへん》）と（豊）から構成される「禮」ですが、新字体（常用漢字）は「礼」です。その下のは（亻《にんべん》）と（義）からなる「儀」ですので、二文字で「礼《れい》儀《ぎ》」となります。（儀）は旁がかなりくずされていますが、典型的な字体で頻出語ですので、臨書して覚えるようにしましょう。は（厂《がんだれ》）と（日）と（子）からなる「厚」です。「厂《がんだれ》」の形に注意しましょう。その下のは、紙（和紙）を漉《す》いた際に混じってしまった異物がちょうど

この文字にかかっていますが、「之」を字母とする「し」です。二文字で「厚し《あつく》」となります。次の字母は「教《おしえ》を」です。（を）は、四字上の「を」の字母が「遠」であるのに対して、「越」を字母としています。は「守《まもり》て」。（守）は④の五字目と同じです。行末のは「侮《あなど》り偽《いつわ》る」で、（偽）の旁は「為」を少しくずした形です。

⑥

解読文　**事なかれ、又己より幼き者をは愛敬して、**

（ことなかれ、またおのれよりおさなきものをばあいぎょうして、）

現代語訳　**ことがないようにしなさい。また自分より幼い者を慈しみ敬って、**

は「事なかれ」です。（な）は一見、最後の部分が少しオーバーな書き方になっている平仮名の「る」にも見えそうですが、「奈」をくずした仮名なのです。同じく（か）は、「り」や「の」に見えないこともないのですが、「可」を字母とした変体仮名で、（れ）は「連」を字母としています。「連」は音読みが「レン」なので、仮名の「れ」として通用する訳です。「なかれ」は禁止を意味する言葉です。は「己《おのれ》より」。（よ）は「与」を、（り）は「里」をそれぞれ字母としています。次のは「幼《おさな》き」で、（き）は「起」を字母とした変体仮名です。続くは「者《もの》をは《ば》」です。（者）は少しくずされて、「日」の部分が平仮名の「つ」のようになります。これをさらにくずすと、④行末のとなるのです。（は）は「波」を字母としています。次のは楷書体からのギャップを感じる程大胆にくずされていますが、「愛」です。は（艹《くさかんむり》）と（句）と（攵《ぼくにょう》）から構成されている「敬」です。二文字で「愛敬《あいぎょう》」となり、「慈しみ敬うこと」という意味の言葉です。

⑦ 

解読文 **虚談を以人の道ニあらさる事を教る事な（かれ、）**

（きょだんをもって　ひとのみちにあらざることをおしうることな〈かれ、〉）

現代語訳 事実無根の話をすることによって人が守るべき道を外れたことを教えることがな（いようにしなさい。）

冒頭の、は「虚談《きょだん》」で、「事実無根の話、つくりばなし」という意味です。（談）のは典型的な「言《ごんべん》」です。は「以《もって》」。これもよく見る字体で、頻出語なので、覚えるようにしましょう。は「人の道ニ」です。（の）は「乃」を字母とした平仮名です。は「あらさる《ざ》」で、それぞれ「安」「良」「左」「留」を字母としています。「良」は「ラウ」ゆえ、「ら」に通じるのです。次のは「事を」。（事）は楷書体の輪郭を生かしながら大胆にくずしていますが、よく見る字体です。

⑧ 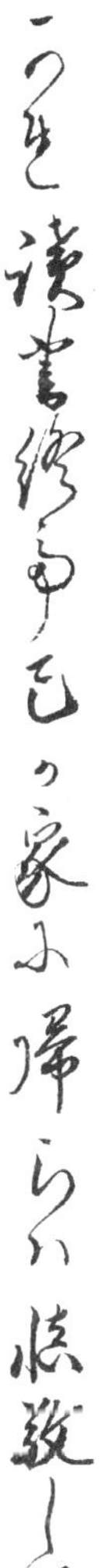

解読文 **（な）かれ、読書終て、己か家に帰らハ、慎敬して**

（〈な〉かれ、どくしょおわりて、おのがいえにかえらば、しんぎょうして）

現代語訳 （な）いようにしなさい。（藩校での）読書が終わって、自分の家に帰ったならば、慎み敬う

気持ちや態度で

冒頭のは⑥の三字目に近い字体の「か」で、やはり「可」を字母としています。は⑥の四字目と同じ「れ」なので、⑦行末から続いて「なかれ」となります。「～するなかれ」つまり「～するな」と禁止を命じているわけです。次のは（言《ごんべん》）と（賣）から構成される「讀」ですが、新字体（常用漢字）は「読」です。「言《ごんべん》」のくずしは覚えてしまいましょう。その下のは「書」ですので、二文字で「読書」となります。続くは「終《おわり》て」です。（終）のは典型的な「糸《いとへん》」なので、覚えましょう。（て）は②の九字目と同じです。は「己か《おのが》」。自分のという意味で、（か）は⑥の三字目と同じ字体です。は「家に」。（に）は「尓（爾）」を字母とする変体仮名。は「帰ら八《ば》」で、「帰ったならば」という意味になります。は（忄《りっしんべん》）と（真）からなる「慎」で、は⑥下から三字目と同じ「敬」ですから、二文字で「慎敬《しんぎょう》」となります。

⑨ 

解読文 **必父母の安否を尋て、而後其日の遊興に**（かならずふぼのあんぴをたずねて、しかるのち そのひのゆうきょうに）

現代語訳 **必ず父母が無事かどうかを尋ねて、その後でその日の遊びに**

五字目からのは「安否《あんぴ》を」です。（否）は（不）と（口）から構成されます。次のは「尋《たずね》て」で、（て）は②の九字目同様、「帝」を字母としています。は「而」で、は「後」です。「而」は古文書には「追而《おって》」「二而《にて》」などの形で頻出しますが、ここでは「而後《しかるのち》」となり、「その後、以後」という意味です。（後）の偏は、筆が一旦「氵《さんずい》」のように入り、旁を連綿と書いてから偏に戻って、真ん中あたりに点を打つ形の典型的な「彳《ぎょうにんべん》」ですので、慣れるようにしましょう。次のは「其《その》日《ひ》の」で、（其）はすでに③に、（の）も②に出てきましたね。その下のの偏は「扌《てへん》」に見えてしまいますが、実は「方」でして、の部分が「辶《しんにょう》」で、全体では「遊」という字になるのです。楷書体とは「辶《しんにょう》」の位置が異なり、慣れないときつい字ですが、典型的なくずし字体なので、臨書してみましょう。は大胆にくずされていますが、「興」です。（奥）とよく似ていますので、読み違えないように要注意です。二文字で「遊興《ゆうきょう》」となります。行末のは②七字目や⑧十字目とは少し距離がありますが、同様に「尓（爾）」を字母とする変体仮名の「に」です。

⑩ 

解読文 **心を可レ移、**（こころをうつすべし、）

現代語訳 **心を移すようにしなさい。**

は「心」で、よく見る字体です。は「可《べし》」。命令の助動詞で、**返読文字**です。は（禾《のぎへん》）と（多）から構成される「移」ですので、上に返って「移《うつ》すべし」と読みます。

⑪ 

解読文 一、**幼児の者、家に有てハ父母兄の教を守り、**（ひとつ、ようじのもの、いえにあ

りては　ふぼけいのおしえをまもり、）

現代語訳 第二条、幼児の者は、家にいるときには父母や兄など保護者の教えを守って、

冒頭は「一《ひとつ》」です。箇条書《かじょうがき》の場合、一・二・三…ではなく、二条目以降も「一《ひとつ》」となります。は「幼児の者」で、は「家に」です。（の）は「能」、（に）は「尓（爾）」をそれぞれ字母とした変体仮名で、すでに複数回出てきましたね。慣れたでしょうか。次のは「有《あり》て八」です。（有）は、上の短い横線から続く「ノ」のあと、「月」がくずされています。行末のは「守り」です。（守）は④の五字目で見ましたね。

⑫ 

解読文 **虚言を不ㇾ言、我儘にくらす事なかれ、**（きょげんをいわず、わがままにくらすことなかれ、）

現代語訳 他人をだます言葉や嘘を言わず、わがままに日を過ごすことがないようにしなさい。

冒頭のは「虚言を」です。次のは打ち消しの助動詞「不《ず》」で、返読文字です。その下のは、三字上のをさらにくずした「言」なので、上に返って「言わず」と読みます。は「我儘《わがまま》に」で、（儘）は「亻《にんべん》」と「尽」から構成されていますが、「侭」は異体字ですので、「儘」と表記しました。は「くらす」で、それぞれ「久」「良」「春」を字母とした仮名です。「春」は音読みが「シュン」なので、「す」に通じるのです。次のはかなりくずされていますが、「事」のよく見る字体です。行末のは禁止を意味する「なかれ」。

⑬ 

解読文 一、読書・会読之席ニおゐて、虚談・雑言へ（からす、）（ひとつ、どくしょ・かいどくのせきにおいて、きょだん・ぞうごんいうべ〈からず、〉）

現代語訳 第三条、（藩校での）読書・会読の席において、事実無根の話や種々の悪口を言っては（ならない。）

は⑧の三・四字目と同じ「読書」で、は「会読《かいどく》」です。（会）は「會」ですが、新字体（常用漢字）で表記しました。「会読」とは、何人かが寄り集まって読書しあうことです。七字目のは「席」です。字としては、④の三字目と同じです。右下に小さく「ニ」があります。は「おゐて」です。（お）は「於」、（ゐ）は「為」、（て）は「天」をそれぞれ字母としています。次の（虚談）はすでに⑦の冒頭に出てきましたね。は「雑言《ぞうごん》」で、種々の悪口のこと。（言）は⑫の五字目と同じ字体です。行末のは「遍」を字母とする変体仮名の「へ」です。次の行に進みましょう。

⑭ 

解読文 （言へ）からす、（〈いうべ〉からず、）

現代語訳 （言っては）ならない。

一字目のは「可」を字母とする変体仮名の「か」、中央あたりが「良」を字母とする「ら」、三字目のは「須」を字母とする変体仮名の「す」で、⑬行末から続いて「言へからす」、すなわち「言《い》うべからず」と読みます。

⑮

解読文 一、素読者四書を初として、五経に及ひ、五経終之（ひとつ、そどくはししょをはじめとして、ごきょうにおよび、ごきょうおわるの）

現代語訳 第四条、素読は四書を最初（に取り上げるテキスト）として、（そのあとで）五経に及んで、五経（の素読）が終わった

は「素読《そどく》」で、書物の内容の理解は問題にせず、文字だけを追って音読することです。は「者」で、助詞の「は」です。横線のあと、縦線が二回「く」の字に曲ります。次のは「四書《ししょ》」です。「四書」とは、儒学《じゅがく》の経典《けいてん》（聖人・賢人の言葉や教えを書いた本）の「大学」「中庸《ちゅうよう》」「論語」「孟子《もうし》」の総称です。は「初《はじめ》として」。次のは「五経に《ごきょう》」で、「五経」とは儒教で尊重する「易経《えききょう》」「書経」「詩経」「礼記《らいき》」「春秋《しゅんじゅう》」の五つの経書《けいしょ》（経典）を指します。は「及ひ《および》」です。下から二字目のは（糸《いとへん》）と（冬）からなる「終」で、行末とともに「終之《おわるの》」となります。

⑯

解読文 日、有司江其旨を達へし、向後必是を賞（せん、）（ひ、ゆうしへそのむねをたっすべし、こうごかならずこれをしょう〈せん、〉）

現代語訳 日に、（藩の）役人に対してそのことを告げ知らせるようにしなさい。そのあとで必ずこ

のことを表彰（しよう。）

二字目は「ノ」↓「一」に続いて「月」がくずされる「有」で、（司）とともに「有司《ゆうし》」となり、役人を意味します。その右下に小さめな字で（江）があります。動作・作用の方向を示す助詞「へ」です。は「其旨《そのむね》を」で、は「達へし《たっすべし》」。（へ）は⑬行末と同じです。次のは「向後《こうご》」で、「きょうこう」とも読み、「今後、こののち」という意味になります。下から三字目のは左下を省略する「是《これ》」で、行末は「賞《しょう》」です。

⑰ 

解読文

（賞）せん、其後春秋左氏伝を習の後、歴史

（しょう）せん、そののち　しゅんじゅう
さしでんをならうののち、れきし

現代語訳

（表彰）しよう。そのあとで「春秋左氏伝」を習い（さらに）そのあとに、歴史（の書物）

冒頭の（せん）は「〜しよう」といった意味で、⑯行末から続き、褒め称えよう、表彰しようという意味になります。は「其後《そののち》」で、（後）は⑨の下から七字目と同じです。次のはかなり大胆にくずされていますが、「春」です。短い横線から続く縦線のあと、左側に二つ打たれた点に続く横線から左斜め下へ、そして右斜め下へと「ハ」の様に筆が運ばれています。その四字下のは「傳」ですが、新字体（常用漢字）は「伝」です。で「春秋《しゅんじゅう》左氏伝《さしでん》」となります。「春秋左氏伝」は「左氏伝」や「左伝《さでん》」ともいい、「春秋」（五経《ごきょう》の一つで、孔子が魯《ろ》国の記録を筆削したという史書）の注釈書のことで、三十巻からなっています。は（羽）と

（白）から構成される「習《ならう》」で、行末のは「歴史」です。

⑱

解読文　又雑書に及す事をゆるす、（また　ざっしょにおよぼすことをゆるす、）

現代語訳　または雑書（の学習）に達することを許す。

は「又《また》」、は「雑書に《ざっしょ》」です。「雑書」とは部類・所属の判然としない種々雑多の書物を指します。次のは「及《およぼ》す」で、（す）は「寿」を字母とする変体仮名です。は「事を」。（事）は⑦・⑫にも出てきましたね。は「ゆるす」。字母はそれぞれ「由」「留」「春」です。

⑲

解読文　一、五経半に及の頃、四書の義理を穿鑿し（て、）（ひとつ、ごきょうなかばにおよぶのころ、ししょのぎりをせんさくし〈て、〉）

現代語訳　第五条、五経（の学習）が半ばに及ぶ頃、四書の説く義理を究明し（て、）

四・五字目は「半《なかば》に」で、（半）の筆の運びは、左右に二つの点が打たれ、縦線が引かれたあと、筆が左上に続いて、二本の横線が連綿と引かれています。次のは「及《およぶ》の」です。その下のは（ヒ）と、（頁《おおがい》）からなる「頃」です。「頁《おおがい》」はこのように大きくくずされることが多く、頻出しますので、覚えましょう。義理は「義理」で、儒教で説く人の踏み行うべき正しい道のことです。穿鑿は「穿鑿《せんさく》」で、「調べ求めること、究明すること」という意味です。

⑳

解読文 （穿鑿し）て、忠孝の道を弁へし、（〈せんさくし〉て、ちゅうこうのみちをわきまうべし、）

現代語訳 （究明し）て、忠義と孝行の道理を充分に知るようにしなさい。

忠孝（忠孝《ちゅうこう》）とは忠義と孝行のこと。二字下の道は大胆にくずされていますが、首（首）と辶（辶《しんにょう》）からなる「道」です。弁へしは「弁へ《わきまうべ》し」。「弁《わきまう》」とは「物の道理を充分に知る」という意味です。へ（へ）は「遍」を字母としています。

㉑

解読文 以上、（いじょう、）

以は⑦の四字目と同じ「以」で、二文字で「以上」となります。終わりという意味です。「以上」は「已上」と書かれることもあります。

㉒

解読文 月日（がつ　にち）

は「月《がつ》」、は「日《にち》」です。読みやすいですね。日付の部分ですが、具体的に何月何日なのか、記されていません。その事情は、次のようなことではないかと思います。すなわち、黒羽藩校何陋館《かろうかん》の校則を同館の壁面に掲示するに際しては、まず紙（和紙）に校則の内容を下書きし、推敲を経たあと、それを板や紙に清書（墨書）して、藩校の壁に掲げたものと思われます。下書き段階及び**案文**《あんもん》（控え）作成の段階では、この校則を公布（壁に掲示）する日付は記入しておらず（「月日」のみ記入）、板や紙に清書がなされて（**正文**《しょうもん》の作成）、実際に壁に掲げる段階で、日付を入れたものと考えられるのです。そして、黒羽藩主大関増業が『諸職掲示』（『創垂可継《そうすいかけい》』所収）という冊子にこの「何陋館壁書《へきしょ》」を収録する際、実際に何陋館の壁に掲示された「壁書」の**正文**（原本）ではなく、その**案文**もしくは下書きを書写したのではないかと考えられるのです。

解説

藩校とは、江戸時代、諸藩において主として藩士の子弟を対象に設けられた教育機関のことで、諸藩では富国強兵政策を推進する人材の育成が急務となった江戸時代後期に次々と藩校を開設しました。幕末・維新期の諸藩のほとんどが藩校を開設しており、その内の八十五パーセントが宝暦期（一七五一—六四）から慶応期（一八六五—六八）までの百十七年間に創設となっていました。

社会体制の内部矛盾が大きくなり、欧米諸国の圧力が強まった天保期（一八三〇—四四）以降、藩校の制度にはいくつかの変革が見られます。その一つは、文久期（一八六一—六四）以降、農兵などを募る必要上、庶民の子供の入学も許可する藩校がにわかに増加し、入学年齢も十歳以上が普通であったのが、幕末に至り七、八歳に低下する傾向が生じたことです。さらに、幕末・維新期になると、等級制（生徒の年齢や学力の発達に応じていくつかの段階を設け、段階の下から上へ移すのに試験や日常の成績を勘案して決定する制度）が工夫されて実施されていきました。また、藩校での教授内容は漢学が中心で、四書五経《ししょごきょう》の素読・講義・会読《かいどく》などを主としており、文政期（一八一八―三〇）までは漢学一科のみの藩校が優勢でしたが、天保―嘉永期（一八三〇―五四）には科目が増加し、筆道・和学・算術・医学・洋学・天文学・音楽などの科目も設けられるようになります。藩校は近代学校の先駆となったということができるのです。

本史料は、文化・文政期の黒羽藩十一代藩主大関増業《ますなり》が藩士の子弟教育のために黒羽城内に創設（文政三年〈一八二〇〉）した藩校何陋館《かろうかん》の壁に掲示するべく作成した掟・心得です。本史料からは、まず「長幼之序」「家に有てハ父母兄の教を守り」など、儒教倫理を中心とした訓育面が重視されていたことがわかります。教科は漢学と国学で、素読・講義・会読が行われていたようです。そして本史料の後半部分には、漢文の素読は初めに四書を対象として、それから五経に進み、そのあと「春秋左氏伝《しゅんじゅうさしでん》」を習ってから、歴史や雑書の学習に進む、といった学習の進め方が説かれています。漢学の教師には、黒羽藩士の田中修平と大沼助兵衛が登用され、国学の教師には豊後（現大分県）の人で国学者の戸高孝盛が迎えられました。

大関増業は何陋館とともに、藩士子弟の武術修業の場として黒羽城内に練武園《れんぶえん》を設け、文武の修業を奨励しました。練武園では、藩士から登用された教師によって剣術・弓術・柔術・砲術の指導がなされました。しかし、文政七年（一八二四）の増業隠退に伴い、何陋館・練武園ともに廃止となったのです。それでも黒羽藩では、その三十年後の嘉永七年（一八五四）八月、十三代藩主大関増昭《ますあきら》によって学問所が取り立てられて、後に作新館《さくしんかん》と称されるようになります。

【参考文献】

大宮司克夫「黒羽藩校―何陋館と作新館における教育―」（『全国の伝承江戸時代人づくり風土記　聞き書きによる知恵シリーズ（9）ふるさとの人と知恵　栃木』農山漁村文化協会、一九八九年）

5 豪商からの援助——献納金請取書

文政十一年（一八二八）十二月

⑤ ④ ③ ② ①

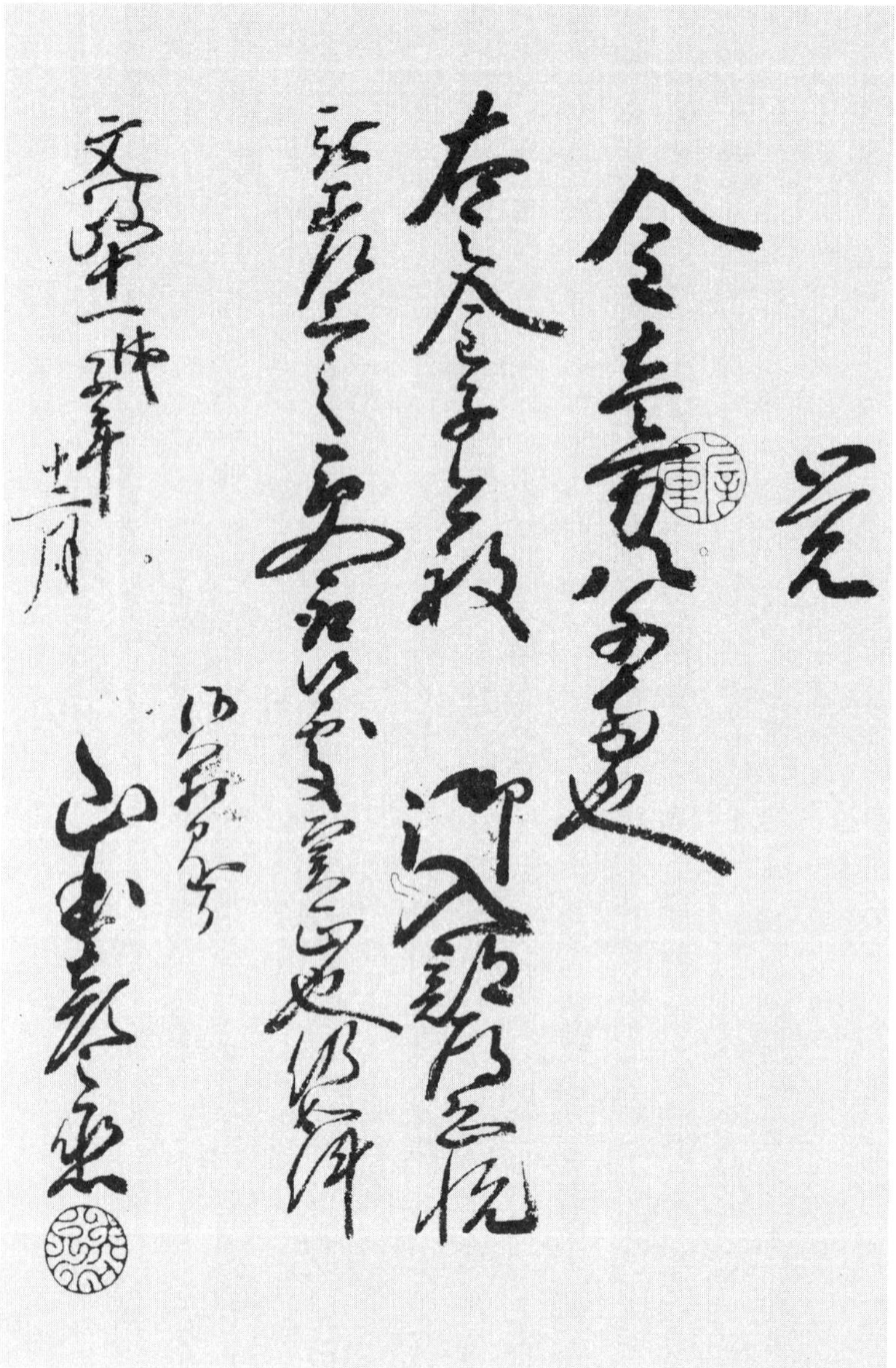

⑨　　　　　⑧　　　　　　　⑦　　　　　　⑥

⑨ 三所満之裁
⑧ 以前より申上候通　風呂屋三郎兵衛（印）

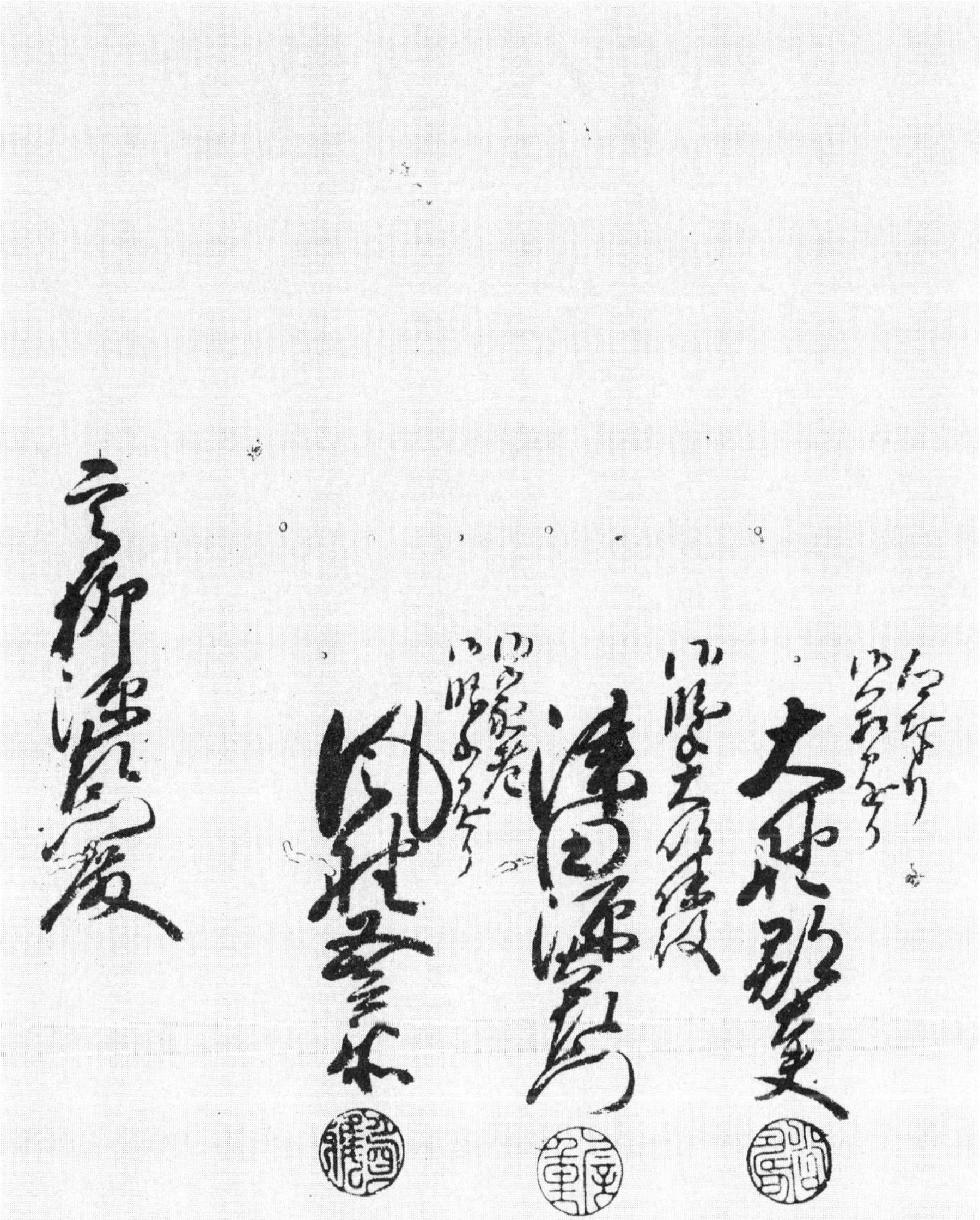

【あらすじ】 黒羽藩の重臣たちが連名で、豪商高柳氏からの献納金に対する領収書を発行した。

①

解読文 **覚**　（おぼえ）

現代語訳 **覚書《おぼえがき》**

は「覚《おぼえ》」で、後々の記憶のために書いておく文書のことです。ここでは領収書の題となっています。字としては、（ツ）と、（冖《わかんむり》）と（見）から構成されています。

②

解読文 **金壱万八千両也、**　（きん　いちまんはっせんりょうなり、）

は「金《きん》」で、領収金額の頭に付けられます。は「壱万八千」です。領収金額などが書かれる場合、「一」は「壱」と書かれます。（千）の筆の運びは、楷書体の一画目（ノ）のあと三画目の縦線が引かれて、最後に二画目の「一」となっています。次のは「両《りょう》」です。旧字体の「兩」の左下縦線を略す形でくずしています。「両」は近世の金貨幣の単位で、金一両が四分《ぶ》（十六朱《しゅ》）で、銀六十匁《もんめ》・銭四貫文《かんもん》と同価とされていました。金一両は、現在の米価から換算すると約五万五千

円、現代の賃金から換算すると約三十万円に相当するということです。行末は「也《なり》」で、断定の意を表す助動詞です。

③

解読文　右之金子、今般　御入部為二恐悦一（みぎのきんす、こんぱん　ごにゅうぶきょうえつのため）

現代語訳　前記の金子《きんす》は、このたび（下野国黒羽藩主大関増儀《ますのり》の）初のお国入りを謹んでお喜びするため

は二文字で「右之《みぎの》」です。「右」は文書のなかで前条を承《う》けていう語です。は「金子《きんす》」で、金の貨幣のこと。次のは「今」です。上のは「人《ひとがしら》」で、その下に点が一つだと「今」となり、点が二つ続いてとなると「令《しむ》」という字（助動詞）になるのです。次のは（舟《ふねへん》）と（殳）からなる「般」です。旁のは「文《ぼくにょう》」のくずしと似ていますので、注意しましょう。二文字で「今《こん》般《ばん》」となります。その下に空白が設けられて、とあります。これは「御入部《ごにゅうぶ》」と読みます。（御）は、が「彳《ぎょうにんべん》」でが「卸」なのです。（部）も楷書体の筆順通りに筆が走っています。は「阝《おおざと》」のくずしとしてよく見る形です。「入部」とは、大名などの領主が初めて自分の領地に入ることを意味します。ここでの「御入部」の主体は、下野国黒羽藩十二代藩主大関増儀《ますのり》（一八一一―六五）ですので、本文書の差出者からの敬意表現として「御入部」の上に空白部分を設けたのです。こうした意味のある空白は、古文書学上、闕字《けつじ》と呼ばれています。大関増儀は、文化人大名として知られる十一代藩主大関増業《ますなり》の養父増陽《ますはる》（十代藩主）の実子で、文政七年（一八二四）七月に家督を相続し、同十一年六月、

初めての国入りとなったのです。続いて、下から三字目のは「為」。返読文字で、読み方は下から「〜のため」ですが、他に「たり」「として」「せ・させ」など様々です。その下のは、書状などの書《かき》止文言《とめもんごん》として頻出の「恐々謹言」に見える「恐」で、行末は(忄《りっしんべん》)と(兑)から構成される「悦」なので、二文字で「恐悦《きょうえつ》」(謹んでお喜びする意)となり、上に返って「恐悦《きょうえつ》のため」と読みます。

④ 

解読文 **被レ差二上之一、受取候処実正也、仍如レ件、**(これをさしあげられ、うけとりそうろうところじっしょうなり、よってくだんのごとし、)

現代語訳 **これ(前記金額)を(高柳氏が黒羽藩へ)献上され、(藩として)受け取ったのは確かなことである。そのような訳で、右に記した通りである。**

冒頭のは「被《られ》」。尊敬の意を表す助動詞で、返読文字です。頻出語ゆえ、さまざまにくずされます。その下のは「差上《さしあげ》」、は「之《これ》」なので、四文字で「これを差《さ》し上《あ》げられ」と読みます。「差上」の主体は黒羽向町《むこうまち》(黒羽藩領)の豪商高柳氏です。与えるの謙譲語「差上」に「被」を付けるところに、黒羽藩の重臣と領内の豪商との微妙な身分関係が垣間見えるようです。次のはパッと見、「更」のようにも見えますが、上から(ノ)・(ツ)・(冖《わかんむり》)・(又)から構成されている「受」なのです。その下のは(耳)と(又)からなる「取」で、左側の点は最後に打たれています。熟語で「受取《うけとり》」となります。は「候処《そうろうところ》」で、(処)は旧字体の「處」が極端なまでにくずされています。次のは「実」、は「正」で、熟語で「実正《じっしょう》」となります。「確かなこと、間違いのないこと」という意味です。（也）は②行末と同じ字体ですね。は（亻《にんべん》）と（乃）から構成される「仍《よって》」です。は（女《おんなへん》）と（口）からなる「如《ごとし》」、行末は（亻《にんべん》）と（牛）で構成される「件《くだん》」で、「如レ件」は「件《くだん》の如《ごと》し」と読み、「右に記した通り」という意味になります。「如レ件」は公《おおやけ》の性格を有する文書《もんじょ》の書止文言《かきとめもんごん》として使用され、「よってくだんのごとし」は、頻出する慣用句ですので空で言えるようにしましょう。

⑤

解読文

文政十一戊子年十二月　御箱懸り　山本彦之丞（黒印）

ぶんせいじゅういち　ぼしのとし　じゅうにがつ　おはこがかり　やまもとひこのじょう［こくいん］

この行は、この文書の日付と差出者（連署）の一人目です。は「文政十一」で、西暦一八二八年。（「政」の旁）は③六字目の旁と似ていますが、こちらは「攵《ぼくにょう》」です。その下の右と左に分けて書かれるは、十干と十二支の組み合わせとなる干支《えと》の「戊子《ぼし》」で、「つらのえね」とも読みます。は「御」、は（竹《たけかんむり》）と（相）からなる「箱」。は（縣）と（心）からなる「懸」で、で「懸《かか》り」となります。「御箱懸《おはこがか》り」は、黒羽藩における役職名で、黒羽城内で献納金等を収納していた箱を管理する係と考えられます。「御箱懸り」という肩書きを有するは、「山本彦之丞《ひこのじょう》」です。（本）の筆の運びは、縦線（楷書体の二画目）が引かれてから、連綿と上下の横線が引かれ、最後に右側に点が打たれています。さて、差出者が複数の場合、奥《おく》（文書の左端）の方に書かれる程、上位者となります。この四名の内、「山本彦之丞」が下位となり、彼が差出者の部分も含めてこの文書を実際に記したものと考えられます。

⑥

解読文　**郷奉行・御箱懸り　大野郡大夫（黒印）**

（ごうぶぎょう・おはこがかり　おおのぐんだゆう［こくいん］）

この行は差出者の二人目で、肩書きの一つ目は「郷奉行《ごうぶぎょう》」です。（郷）の筆の運びは、「ノ」のあと「つ」のように右に伸びて、最後に筆が押さえられています。特徴のあるくずしですので是非覚えて下さい。「郷奉行」は租税を司ったり、藩の政策を領内各村へ通達し、各村からの請願を家老に報告することを職務としていました。もう一つの肩書きは⑤と同じ「御箱懸り」です。は「大野」、は「郡大夫《ぐんだゆう》」で、（郡）の旁は典型的な「阝《おおざと》」のくずしです。

⑦

解読文　**御勝手大吟味役**　**津田源太左衛門（黒印）**（おかってだいぎんみやく　つだげんたざえもん［こくいん］）

二字目は（月）と（券）から構成される「勝」で、は「手」なので、で「御《お》勝手《かって》」となります。五字目は（口《くちへん》）と（今）から構成される「吟」で、旁（今）のくずしは、③の五字目とほぼ同じです。五字目も同じ「口《くちへん》」と（未）からなる「味」で、次のは点を打って「亻《にんべん》」につなげる形の「彳《ぎょうにんべん》」を持つ「役」です。（役）の旁は③の六字目（般）の旁と同じですね。で「大吟《だいぎん》味《み》役《やく》」となります。「御勝手大吟味役」は「御勝手懸り」のもとで、藩の勝手方（会計関係）の実権を有する役職であったと考えられます。は「津田」で、は「源太左衛門」です。「○左（右）衛門」という名前に使われる「衛」は、のように極端にくずされ、まるで記号のようです。（門）も大きくくずされて、平仮名の「つ」のように書かれています。

⑧

解読文　**御家老・御勝手懸り**　**風野五兵衛（黒印）**（ごかろう・おかってがかり　かざのごへえ［こくいん］）

肩書きの一つ目のは「御家老《ごかろう》」です。まあまあ読みやすいですね。「家老」は藩士の中の最高職で、藩主を補佐して藩政全般を指揮しました。「御家老」と「御」が付けられているのは、本文書を書き記した山本彦之丞の敬意表現です。兼務となっている肩書きは「御勝手《おかって》懸《がか》り」。（御勝手）は⑦に、（懸り）は⑤・⑥に出てきましたね。「御勝手懸り」は黒羽藩において、会計関係の事務を管轄する役職で、家老が就任していました。は「風野《かざの》」です。（風）は楷書体の三画目以降が大胆にくずされていますが、この筆の入り方（一画目と二画目）から読めるのではないでしょうか。（野）は⑥と同じ字体です。は「五」で、筆の運びは楷書体の一・二画目のあと四画目に続き、最後に三画目が書かれる形となっています。は「兵」で、楷書体の二画目（左の縦線）を略しながら、筆順に従って連綿とくずしています。は「衛」で、筆の運びは左上の点に続く左側の斜め線のあと、右上に進んで小さく筆が丸まってから、中央の縦線につながり、その左側に一つ、続いて右側に二つの点が打たれています。で「五兵衛《ごへえ》」となります。ともにかなりくずされてはいますが、「○兵衛」というときの「衛」は、「○左（右）衛門」というときの「衛」よりはまだ原形（楷書体）に近いと思います。「風野五兵衛」がこの四名の連署者の中で最上位者となるのです。

⑨ 

解読文 **高柳源左衛門殿**（たかやなぎげんざえもんどの）

この行は本史料の宛所《あてどころ》となります。は「高」で、楷書体の左下縦線を略してくずしています。は「栁」で、「柳」の異体字です。二文字で「高柳《たかやなぎ》」という名字です。は「源左衛門《げんざえもん》」。四字とも、⑦で見たのとほとんど同じ字体ですね。最後のは「殿《どの》」で、典型的なくずしとなっています。「殿」は宛所の人物に対する敬称です。「高柳源左衛門」は、大関氏の本拠黒羽城のある前《まえ》田《た》・黒羽田町とは那珂川を挟んで反対側（西側）になる黒羽向町《むこうまち》の豪商で、河岸問屋をつとめ、米穀

取引を行っていました。

解説

本史料は文政十一年（一八二八）十二月付で、黒羽藩「御家老・御勝手懸り」風野五兵衛《かざのごへえ》以下四名の連署にて、豪商高柳源左衛門宛てに発給された「献納金請取書」です。藩の勝手方の責任者から実務担当者にかけての四人が署名しており、②の「万」の字にかけて、津田氏の黒印が捺されているので、津田氏がこの献納金受領に関して中核的な役割を果たしたものと考えられます。

また、差出者と宛所の人物が身分的に同格の場合、宛所が書かれる高さは日付と同じとなり、差出者より宛所の方が身分的に上位者の場合は、宛所の位置は日付より高く、逆に差出者より宛所の方が下位の場合には、宛所の位置は日付より低く書かれるのです。本史料では、宛所は日付よりかなり下の方に書かれています。武士（藩の重臣ら）と豪商との身分差の表われと見ることができるでしょう。

黒羽藩十一代藩主大関増業《ますなり》（一七八二—一八四五）は、十八世紀前半以降困窮状態を示していた藩財政の再建を目指し、藩政改革を推進して、殖産興業策にも力を入れました。しかし、領内経済の後進性はいかんともし難く、こうした内容のみでは藩の財政再建は叶わず、そのためにもう一つの方向性として増業が打ち出したのが、商人資本への依存でした。そこで実施された策の一つが積金制度で、藩の収入から一定額を割き、高柳源左衛門ら黒羽向町《むこうまち》の有力商人からも出資させて資金源を用意し、これを武士や庶民に貸し出して利殖しようとしたのです。さらに彼ら有力商人から献納金を受けたり、御用立金《ごようだてきん》（貸金）に頼ったりもしました。増業が黒羽藩主となった文化八年（一八一一）から隠退した直後の文政九年（一八二六）までの間に、黒羽藩が高柳氏から受けた献納金は四千四百両、御用立金は金利を除いても六千七百両で、合わせて一万両を越える巨額となっていました。領内から上がってくる運上金収入が毎年五百両に過ぎない藩財政において、かなりの比重を占めていたことがわかります。文政七年（一八二四）、増業から増儀《ますのり》へと藩主が交代しましたが、その後も高柳氏ら豪商への依存は続いており、本史料の発給となった訳です。ちなみに、本史料の題は、包紙に受給者（宛所）側で上書きされた「文政十一戊子年十二月十六日　金壱万八千両献納金請取書」という墨書内容によって付けました。同じく裏側には「高柳明起代」とあり、この包紙から高柳源左衛門の実名《じつみょう》が明起であることや、本史料には「十二月」までしか書かれていませんが、本請取書を高柳氏が受給したのが十二月十六日であることなどが判明するのです。

この請取書は黒羽藩側から高柳氏に発給されており、高柳家に伝来するのが本来のあり方ですが、そうではなく、本史料やこの手の高柳氏宛ての献納金・御用立金の請取書などは、黒羽藩主大関家伝来の古文書群「大関家文書」に含まれております。その理由は判然としませんが、後に何らかの事情によって、大関家側で高柳家から請取書のひとまとまりを引き上げるような権力的な対応などがあったのでしょうか。あるいは大関家で明治期及び大正期に実施された家譜編纂事業のなかで、史料収集の一環で同家に集められて、そのまま伝来した可能性もあるかもしれませんが、いずれにしても推測の域を出ません。

【参考文献】
須永（阿部）昭「黒羽藩の藩政改革」（『栃木県史研究』六、一九七三年）
磯田道史『武士の家計簿―「加賀藩御算用者」の幕末維新―』（新潮新書、新潮社、二〇〇三年）

第3章 様々な交流

④ ③ ② ①

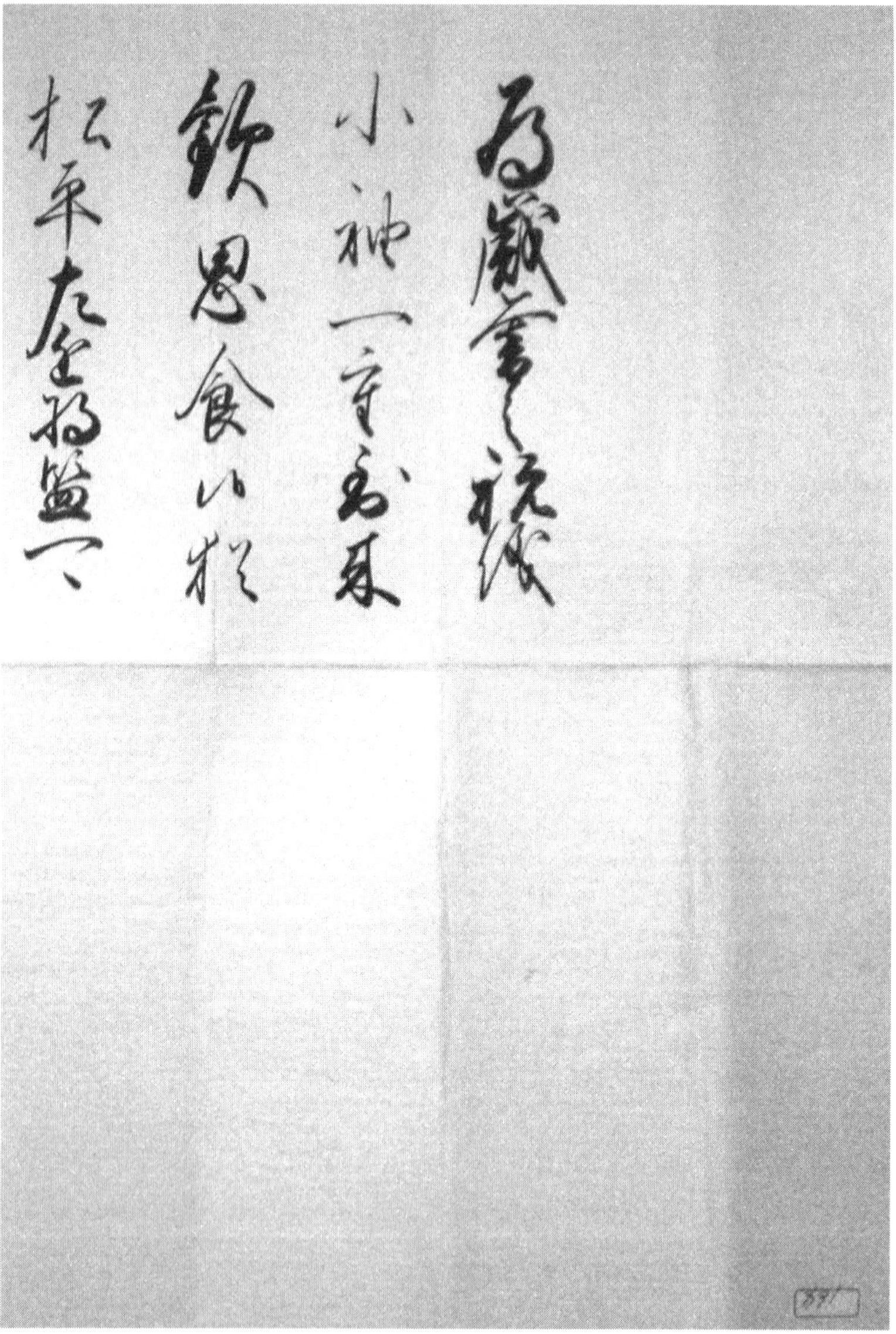

1 将軍吉宗の手紙

——徳川吉宗御内書

（年未詳）十二月二十七日

⑦　　　　　　　　⑥　　　　　　⑤

大関伊予守どのへ　　十二月廿日 [印：吉宗]　　やりて

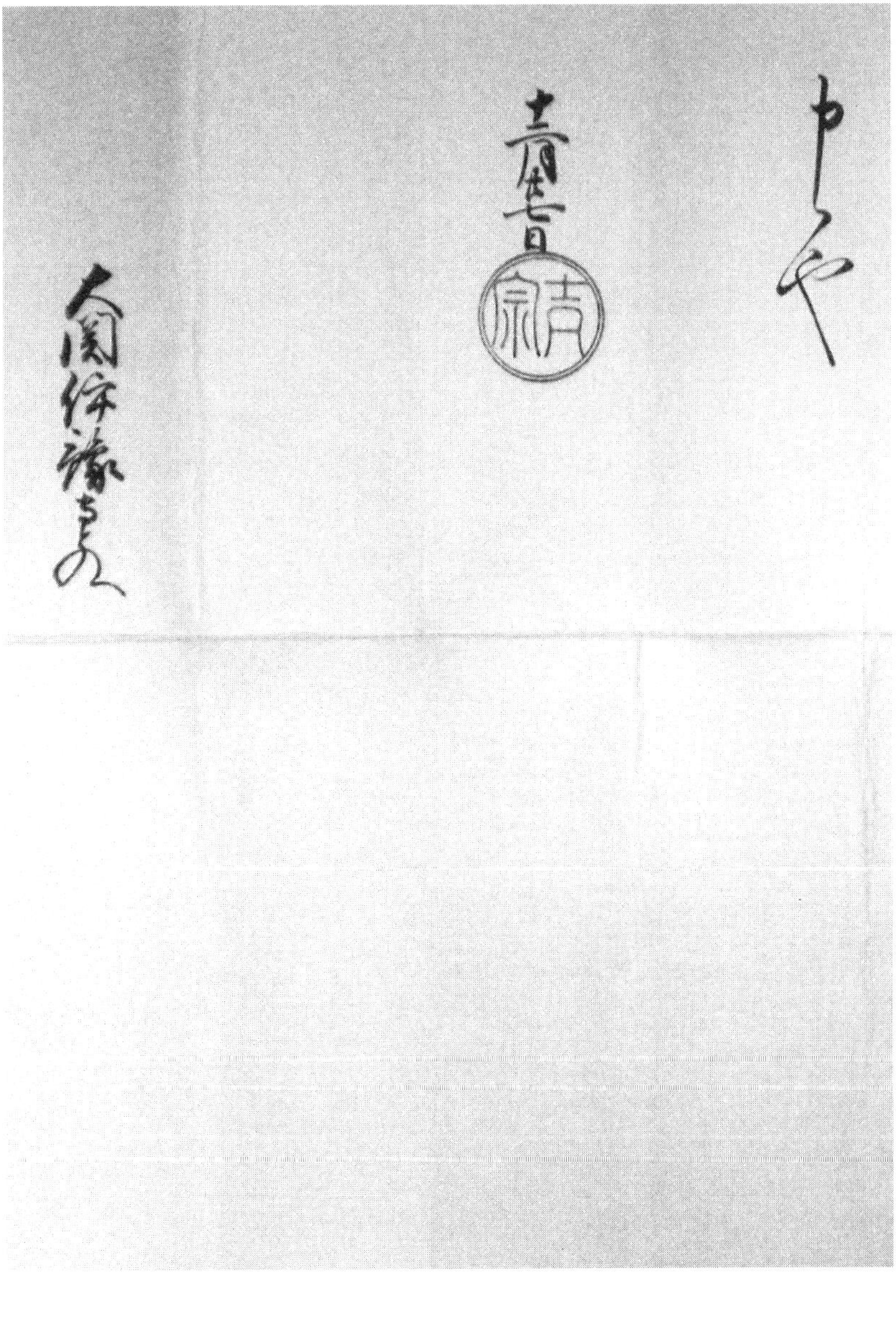

【あらすじ】黒羽藩主大関増興《ますおき》からの歳暮の贈り物に対して、将軍徳川吉宗が礼状を発給した。

①

解読文　為二歳暮之祝儀一（せいぼのしゅうぎとして）

現代語訳　歳暮の祝意を表わす品として

冒頭のは「為」で、さらにくずされると、となります。「為」は返読文字で、いくつかの読みがありますが、ここでは「として」と読みます。次のは（止）と（戚）から構成される「歳」です。その下のはパッと見、「書」という字にも似ていますが、それでは意味をなしません。これは「暮」と読みます。（艹《くさかんむり》）と（昬）の大きさのバランスが楷書体のそれとはギャップがあり、慣れないと読みづらいですね。で「歳暮《せいぼ》」となります。は「之《の》」。は、（礻《しめすへん》）と（兄）から構成される「祝」で、は（亻《にんべん》）と（義）からなる「儀」です。二文字で「祝儀《しゅうぎ》」となり、ここから冒頭に返って、「歳暮《せいぼ》の祝儀《しゅうぎ》として」と読むのです。

②

解読文　小袖一重到来、（こそでひとかさねとうらい、）

現代語訳　(黒羽藩主大関増興から贈られた)小袖一かさねが(江戸幕府将軍徳川吉宗の手元に)届いた。

冒頭の（小）はそのまま読めますね。二字目のは、①の下から二字目の「礻《しめすへん》」と同じ字体で書かれる、（衤《ころもへん》）と（由）から構成される「袖」です。熟語で「小袖《こそで》」となります。「小袖」とは、衣服の内で上質な表着《うわぎ》のことです。次のは「一重《ひとかさね》」で、「重」は小袖などの衣服を数える語。行末のは「到来《とうらい》」です。（到）は（至）と（刂《りっとう》）からなっています。（来）の筆の運びは、上の横線から続く縦線が下りたあと、左上に撥ね上がり、「久」という字のように左↓右↓左↓右と続いています。

③

解読文　**歓思食候、猶**　（よろこびおぼしめしそうろう、なお）

現代語訳　(将軍徳川吉宗が)よろこび思し召すところです。なお

は（雚）と（欠）からなる「歓《よろこび》」で、は「思食《おぼしめし》」です。「思食」は「思召」とも書き、「思う」の尊敬語「おぼす」に「めす」を付けてさらに敬意を強めた言葉です。次のはおなじみの「候」の典型的なくずしです。もう覚えましたね。行末のは「猶《なお》」。「犭《けものへん》」プラス、片仮名の「ソ」から筆が入って大きくくずされる旁というのが、この字の特徴です。「猶」はある事柄を述べたあとで他の事柄を言い添えるときに使う接続詞で、書状などの最後の方でよく使われます。

④

解読文　**松平左近将監可レ(申)**（まつだいらさこんのしょうげん〈もうす〉べく）

現代語訳　(詳細については老中の) 松平左近将監乗邑《さこんのしょうげんのりさと》がきっと(申す)ことに

は「**松平**」です。（平）の筆の運びは、楷書体の筆順通りとなっています。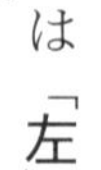は「**左**」、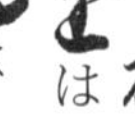は「**近**」です。「**近**」は（斤）と（辶《しんにょう》）から構成されています。二文字で「**左近**《さこん》」です。次の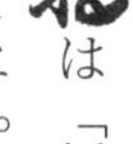は「**将**」。偏は「扌《てへん》」に見えてしまいますが「丬《しょうへん》」で、旁も「寽」を「る」のようにかなりくずしています。は「**監**」ですので、この二文字で「**将監**《しょうげん》」となり、四文字続けて「**左近将監**《さこんのしょうげん》」となるのです。

「**左近将監**」は**官途名**《かんとめい》の一つで、もともとは中央官庁でありました左近衛府《さこんえふ》の判官《じょう》（律令制の四等官のうち第三位で、次官《すけ》の下、主典《さかん》の上）を意味していましたが、中世以降、そうした実質的な職務内容を伴わなくなりました。「**松平左近将監**」の**実名**《じつみょう》は乗邑《のりさと》で、肥前唐津《ひぜんからつ》藩主松平（大給《おぎゅう》）家三代となり、志摩鳥羽・伊勢亀山・山城淀に移封《いほう》の後、享保八年（一七二三）、大坂城代から幕府老中に就任し、下総《しもうさ》佐倉藩主（六万石）となりました。その老中就任期間は、享保八年四月二十一日から延享二年（一七四五）十月九日までです。

本史料において松平乗邑は、**御内書**《ごないしょ》（将軍発給の手紙）の詳細を**宛所**《あてどころ》の人物に伝える立場としてその名が記載されています。これは老中としての立場ですので、本史料の年号は、まず乗邑の老中就任期間に絞られます。これについては、またのちほど検討しましょう。行末のは「**可**《べく》」の典型的なくずしです。ここでの「**可**」は確実な推量の意の助動詞で、「きっと〜するだろう」といった意味になります。終止形（言い切りの形）は「べし」で、**返読文字**です。つまり、次の行から返って読むわけです。

⑤ 

解読文 **申候也、**（もうす〈べく〉そうろうなり、）

現代語訳 **申す（ことに）なるだろう。**

は「申《もうす》」で、平仮名の「つ」のように筆が回ってから、長い縦線が引かれています。楷書体の左側を略してくずした字体で、よく使われます。次のは「候《そうろう》」です。③の下から二字目の（候）と比べるとまるで記号のようですが、「申」に続く「候」はこのように書かれることが多いようです。は「也《なり》」で、断定の助動詞です。④行末からの四文字で、「申《もう》すべく候《そうろう》なり」と読みます。

⑥ 

解読文 **十二月廿七日（黒印）**（じゅうにがつにじゅうしちにち〔こくいん〕）

この行は本史料の日付と差出者を示します。は「十二月」です。読みやすいですね。は「廿《にじゅう》」なので、三文字で「廿七日《にじゅうしちにち》」となります。御内書《ごないしょ》には月日のみが記載され、年号は記されません。日付のすぐ下の黒印《こくいん》が差出者を示し、印文《いんもん》は右から「吉宗」です。つまり、江戸幕府八代将軍徳川吉宗《よしむね》のことです。徳川吉宗（一六八四―一七五一）は、紀伊徳川家の当主から将軍に就任して、享保の改革を実施し、幕府中興の英主と評されます。その将軍就任期間は、享保元年（一七一六）八月十三日

から延享二年（一七四五）九月二十五日までです。江戸幕府発給の御内書については、将軍の姓《せい》や実名《じつみょう》などは記されず黒印のみが捺される場合が多いと言えます。

⑦ 

解読文　**大関伊予守とのへ**　（おおぜきいよのかみどのへ）

この行は本史料の宛所《あてどころ》となっています。は「大関《おおぜき》」で、（関）のは「門《もんがまえ》」です。次のは「伊」。「亻《にんべん》」のあと、右上に点が打たれ、その下に二本の横線が連綿と引かれてから、縦の線が引かれています。続くは（予）と（象）から構成されている「豫」ですが、新字体（常用漢字）で「予」と表記しました。は「守《かみ》」なので、この三文字で「伊予守《いよのかみ》」という受領名《ずりょうめい》となります。「大関伊予守」の実名《じつみょう》は増興《ますおき》ですが、通常、名字《みょうじ》（家という社会組織の名で私称。ここでは「大関」）に続いては仮名《けみょう》や受領名・官途名《かんと》などが記されます。文書に実名が記されるのは、天皇が上から与える形式をとる公称としての姓《せい》（源・平・藤原・橘など。大関氏の場合は「丹治比《たじひ》」）が記され、それに続いて書かれる場合が多いようです。大関増興（一七〇九―七〇）は、元文三年（一七三八）に黒羽藩七代藩主となり、五十五歳で藩主を隠退する宝暦十三年（一七六三）十月までの間に、藩士鈴木武助正長《ぶすけまさなが》を抜擢して藩財政確立に努めました。増興が従五位下《じゅごいのげ》・「伊予守」に叙任となったのは、元文四年（一七三九）十二月十六日のことです。行末のは「と《ど》のへ」です。宛所に対する敬称ですが、まず「殿」は「様」よりも宛所への尊敬の度合いが小さくなり、さらに敬意が薄くなると、「殿」のくずしの度合いが増し

ていき、「**とのへ**」に行き着くのです。将軍から大関氏（外様大名、一万八千石）クラスの大名に対する敬称は「**とのへ**」となり、**宛所**が記される高さも、日付と比べかなり下となります。

解説

本史料は、年未詳の十二月二十七日付で、黒羽藩七代藩主大関増興《ますおき》宛てに発給された江戸幕府八代将軍徳川吉宗の**御内書**《ごないしょ》で、内容的には、歳暮《せいぼ》の祝意を表わすための品として小袖《こそで》一かさねを贈られたことに対する礼状となっています。徳川吉宗の将軍就任期間と松平乗邑《のりさと》の老中就任期間、及び大関増興の伊予守任官時期を考え合わせると、本史料は元文四年（一七三九）から延享元年（一七四四）の間に年次比定されます。

江戸幕府では、年始と八朔《はっさく》（八月一日、徳川家康江戸入城の日）に次いで、人日《じんじつ》（正月七日）・上巳《じょうし》（三月三日）・端午《たんご》（五月五日）・七夕《たなばた》（七月七日）・重陽《ちょうよう》（九月九日）の五節句が重視され、毎年殿中儀礼が繰り返されていました。これは贈答を伴うもので、端午・重陽の節句及び歳暮には、諸大名が祝儀として将軍に衣服を献上するのが恒例となっていたのです。その答礼として、将軍から御内書が発給されました。その日付は、端午の場合は五月三日か四日頃、重陽は九月七日か八日頃、歳暮は十二月二十七日か二十八日頃が多く、年号は記されませんでした。**御内書**の書面は幕府の右筆《ゆうひつ》によって記され、日付の一、二か月後に担当の老中（本史料では松平乗邑）が大名の家臣を屋敷に呼んで渡していました（四位以上の大名に対しては、家臣を江戸城に呼んで渡しました）。大名にとって御内書を受給することは、将軍から一人前の大名として認められることを意味していました。

【参考文献】

日本歴史学会編『概説古文書学　近世編』（吉川弘文館、一九八九年）
大友一雄・鍛代敏雄・湯浅隆『文化財探訪クラブ⑪　古文書に親しむ』（山川出版社、二〇〇二年）

2 大名同士の交流——大関増興書状草案

（延享二年〈一七四五〉三月二十二日）

① ② ③ ④ ⑤ ⑥

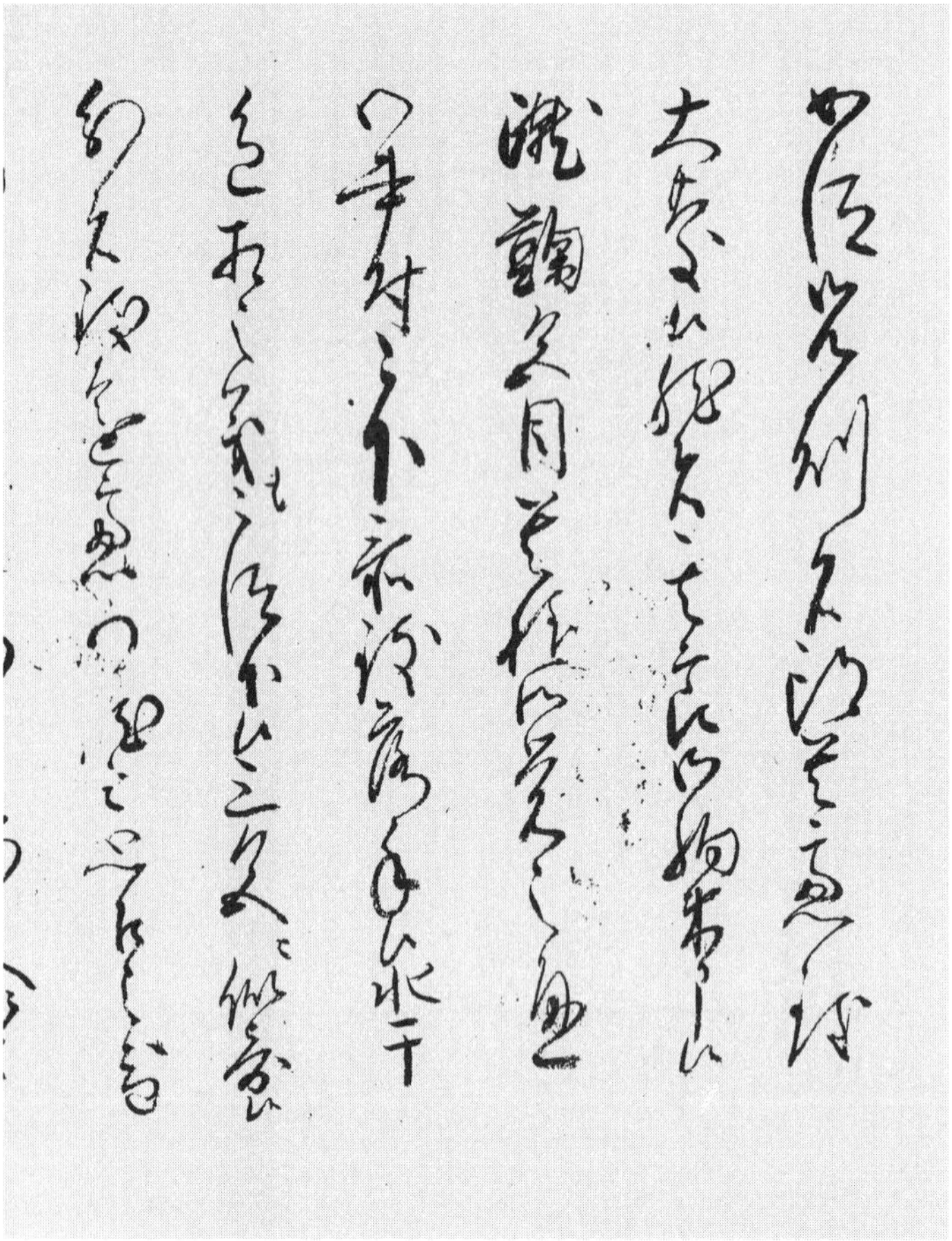

⑭ ⑬ ⑫ ⑪ ⑩ ⑨ ⑧ ⑦

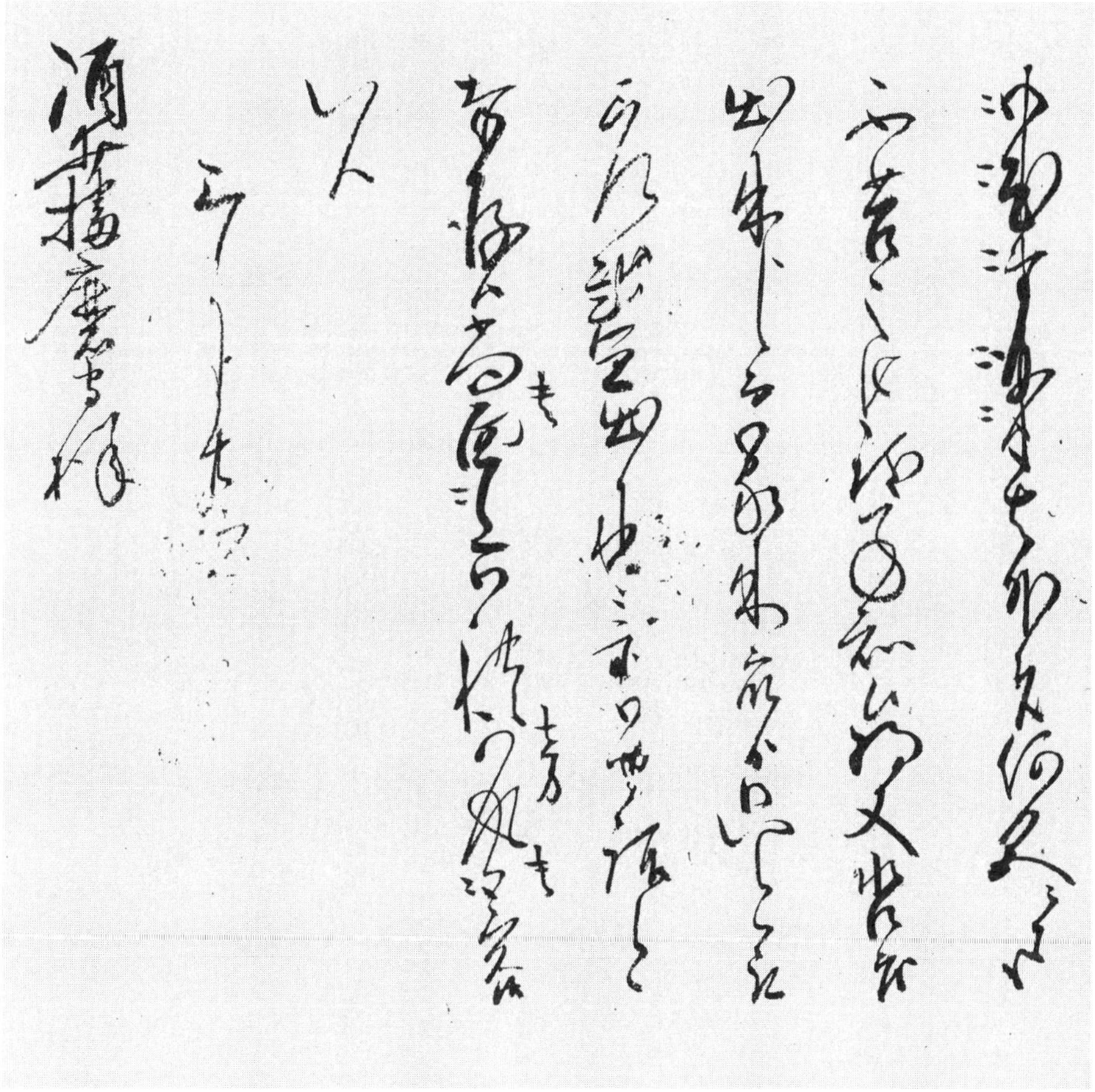

【あらすじ】　黒羽藩主大関増興《ますおき》が敦賀《つるが》藩主酒井忠香《ただか》から蹴鞠《けまり》で着用する装束の色合いなどについて助言されたことに対する礼状を認《したた》めた。

①

解読文　**如ㇾ仰先刻者得二貴慮一、致二（大慶一）**（おおせのごとくせんこくはきりょをえ、〈たいけい〉いたし）

現代語訳　（先程のお手紙のなかで貴方が）仰せになりましたように先程は貴方のお考えを承り、（非常に喜ばしいこと）であり

は「如ㇾ仰《おおせのごとく》」です。（如）は（女《おんなへん》）と（口）から構成され、（仰）は（亻《にんべん》）と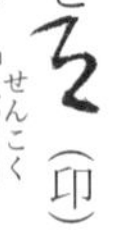（卬）から構成されていますが、「仰」のくずし字体はの方が頻出します。次のは「先刻《せんこく》」です。（先）は、楷書体の一画目（左上の「ノ」）から四画目（真ん中の横線）までの部分が片仮名の「ツ」のようにくずされています。は「者」で、助詞の「は」です。次のは「得《え》」で、**返読文字**。偏は上に点が打たれたあと、少し間を空けて縦線が下り、旁がくずされて、最後に偏の中程に点が打たれますが、この最後の点はこのタイミングで打たれたのではなく、筆の流れで①行末まで書かれたあとで、ここまで戻って打たれたものと思われます。その下のは「貴慮《きりょ》」です。（貴）の筆の運びは、片仮名の「ソ」のように筆が入ったあと、横線が引かれ、その横線をまたぐように筆が下りて、平仮名の「く」の字形に二回曲っています。（慮）は楷書体の左側を略す形でくずしています。

真ん中から下にと書かれているのが「思」の部分。は「貴慮を得《え》」と読み、「貴方のお考えを承り」といった意味です。行末のは「致《いたし》」で、返読文字。偏の「至」は点のあと、小さく時計回りに筆が回って縦に下りており、旁の「攵《ぼくにょう》」のくずしに続いています。

②

解読文 （致二）大慶一候、然者其節御約束申候

（たいけい〈いたし〉そうろう、しかれば そのせつお やくそくもうしそうろう）

現代語訳 非常に喜ばしいこと（であり）ました。さて、あのときお約束致しました

冒頭のは「大慶《たいけい》」です。（慶）は「广《まだれ》」が略される形でくずされています。この二文字から①行末に返り、次の（候《そうろう》）につながって、「大慶致し候《たいけいいたしそうろう》」と読みます。ここで一文が終わり、次のは「然者《しかれば》」です。（然）は、が「夕」のくずしで、が「犬」と「灬《れっか》《れんが》」のくずしとなっています。（者）は①の五字目と同じです。「然者」は「そうであるから」という意味もありますが、ここでは「さて」という意味で、話題を転換させる（本題に入る）ときに用いられる言葉の一つです。続くは「其節《そのせつ》」。（其）の筆の運びは、点のあとの横線に続いて、筆がゆるやかに二回「く」の字に曲りながら縦に下りています。（節）は、ともに大胆にくずされた（竹《たけかんむり》）と（即）から構成されています。は「御約束」です。（御）はをさらにくずした形です。（約）は（糸《いとへん》）と（勺）から構成されています。（束）の筆

の運びは、左上の点（短い横線）から続く少し長めの横線が右端で小さく時計回りに回ってから、その横線を貫いて上から下に真っ直ぐ下りて、そこから筆が左側を上に向かい、最後に左下、右へと続いています。行末のは「申候《もうしそうろう》」です。（申）は楷書体の左側が略されて、右上に半円が書かれ、縦線が引かれています。「候」とありますが、文はここで切れずに③冒頭につながります。

③

解読文 **蹴鞠色目、貴様御覚之通、**（けまりいろめ、きさまおんおぼえのとおり、）

現代語訳 **蹴鞠の（装束の）色合い（について）、貴方が記憶されているとおりに、**

は「蹴鞠《けまり》」です。（蹴）は（かなりくずされた「𧾷《あしへん》」）と（就）から構成されています。二字目のは「革《かわへん》」に「匊」で「鞠《まり》」です。次のは「色目《いろめ》」。（色）は楷書体の一・二画目（上の部分）に続いて、漢数字「五」のくずし（）と同様に筆が走っています。「色目」は色合いのことです。は「貴様《きさま》」で、（貴）は①の下から三字目と同じですね。（様）は頻出語なので、くずし方も大きくなり、おまけに右下部分に少し虫喰い穴もあって、読みにくいですね。この時代、「貴様」は相手に対する敬意を表す言葉でした。続くは「御覚之《おんおぼえの》」。（御）は②の下から五字目と同じです。（覚）は（ツ）・（冖《わかんむり》）・（見）から構成されます。行末のは「通《とおり》」で、下のが「辶《しんにょう》」のくずしなのです。

④ 

解読文 **御書付被レ下、忝致ニ落手一候、水干**（おんかきつけくだされ、かたじけなくらくしゅいたしそうろう、すいかん）

現代語訳 御書付けを（私に）お与えになり、ありがたく受け取りました。水干の

冒頭のは「御書付《おんかきつけ》」です。（御）は②・③に見える「御」がまた少しくずされており、（書）は楷書体の後半部分を略す形で、点、長い横線、短めの横線に続いて縦線が引かれます。は（亻《にんべん》）と（寸）からなっています。「書付」は要件などを書き記した紙片や文書《もんじょ》のことです。次のは「被《れ》」で、尊敬の助動詞、**返読文字**です。頻出語ゆえ大胆にくずされています。その下のが「下《くだす》」なので、上に返って「下《くだ》され」と読みます。は「忝《かたじけなく》」です。漢数字の「三」のように書かれたあと、縦線が引かれ、それを挟むようにして左側に一つ、右側に二つの点が打たれています。「忝《かたじけなく》」は「ありがたく」という意味の言葉です。次のは①行末と同じ「致《いたし》」。何を「致す」かといえば、次の二文字が答えです。はじめのは（艹《くさかんむり》）と（氵《さんずい》）・（各）から構成される「落」で、は楷書体の一画目（ノ）のあと、四→二→三画目という筆の運びとなっている「手」なので、二文字で「落手《らくしゅ》」となります。ここから上に返って、その下の（候）につながり、「落手《らくしゅ》致《いた》し候《そうろう》」と読むのです。ここで一つの文が終わります。行末のは「水干《すいかん》」で、糊を用いず水につけて板に張り、干した絹で作った狩衣《かりぎぬ》の一種です。

⑤

解読文　**色相之義も、被㆓仰下㆒候三色ニ似奇〔寄〕候**　（いろあいのぎも、おおせくだされそうろうさんしょくににょりそうろう）

現代語訳　**色合いのことも、（貴方が）お言いつけになられました三つの色に似かよった**

は③の三字目とは字体を異にしますが、同じく「色」です。は「相」の典型的なくずし字体ですので、二文字で「色相《いろあい》」となります。は③の下から二字目と同じ「之《の》」です。次のは「義」。「〜のこと」という意味で、「儀」という字が正しいのですが、「義」という字もよく使われるのです。その右下のは「も」。その左のは④の四字目と同じ助動詞の「被《れ》」で、その下のは①の二字目と同じ「仰《おおせ》」、は④の五字目と同じ「下《くだす》」ですので、次の（候）に続く四文字は「仰《おお》せ下《くだ》され候《そうろう》」と読みます。「候」とありますが、ここで文は切れず、次に続きます。すなわちは「三色」です。右下に小さく（ニ）があるので、注意しましょう。ここで問題となっている「三色」とは、関連史料から紅と紫・桃色であることが判明しています。その次のは（亻《にんべん》）と（以）からなる「似」で、は（大）と（可）からなる「奇」という字ですが、正しくは「寄」です。行末の（候）に続き、「似寄候《によりそうろう》」となります。

⑥

解読文　**分者、致㆓遠慮㆒可㆑然と思召之旨、**　（ぶんは、えんりょいたし　しかるべしとおぼしめしのむね、）

現代語訳 ものは、さしひかえるのが当然であるとお考えになられていること、

冒頭のは「分」です。筆の運びは、楷書体の一画目（ノ）のあと、三・四画目（刀）、そして二画目という流れになっています。は①の五字目、②の五字目と同じ助詞の「者《は》」です。次のは①行末、④の七字目と同じ「致」で、は「遠慮」。（遠）の下部は「辶《しんにょう》」で、（慮）は①の下から二字目と同じです。この三文字で「遠慮致し《えんりょいたし》」と読みます。続くは上と右下部分に虫喰い穴がありますがでしょう。これは返読文字の「可《べし》」です。また、も字の左半分が虫損《ちゅうそん》となっているものの、②の四字目に出てきましたと同一のようです。つまり「然《しかり》」です。先ほどの「可」とで「可レ然」となり、下から「しかるべし」と読みます。も左上が虫損ですが「止」を字母とする「と」と読めます。楮《こうぞ》を原料とする和紙（楮紙《ちょし》）はシバンムシやフルホンシバンムシなどの餌となって、虫喰い穴を生じることがありますが、多少の虫喰いにはめげずに、字の読める部分をよく見て、意味を考えながら判読していきましょう（どうしても判読不能な場合には、□と表記しましょう）。したがって、このは「可レ然と」で「然《しか》るべしと」と読みます。次のは「思召之《おぼしめしの》」です。（思）は「田」の部分が片仮名の「ソ」のように大きくくずされ、「心」のくずしに続いています。（召）は異体字の「ソ口」がくずされています。行末のはちょっと読みづらい字ですが、「旨《むね》」です。

⑦

解読文 御尤奉レ存候、其外者何色ニても（そのほかはなにいろにても）

現代語訳 その他は何色であっても

最初の五文字は「御尤奉レ存候《ごもっともにぞんじたてまつりそうろう》」ですが、五文字の中央を訂正用の縦線が貫き、一字ごとに左側に傍点が付されており、これを見消《みせけち》（字句の誤りを、誤ったもとの文字も見えるようにして訂正すること）といいます。見消の部分を筆耕する（釈文をつくる）際には、そのまま文字を書いて、その左側に「ミ」と書き入れることになっています。そういう訳でこの五文字は読まずに、⑦はから読みます。は最初の点が上の見消と微妙にかぶっていますが、「其《その》」の典型的なくずし字体で、は「外《ほか》」、は「者《は》」なので、三文字で「其外者《そのほかは》」となります。は「何色」。（何）は（イ《にんべん》）と（可）から構成されています。「色」は⑤の下から五字目に出てきた字体と同じです。行末のは「ニても」で、連綿と書かれていますので、一字一字分解して解読してみて下さい。「～であっても」という意味です。

⑧

解読文 不レ苦之由、致二承知一候、将又沓茂（くるしからざるのよし、しょうちいたしそうろう、はたまた くつも）

現代語訳 さしつかえないとのこと、承知致しました。なおまた（蹴鞠で使用する）沓も

冒頭は平仮名の「ふ」に見えますが、その通りでありまして、ここでは「ふ」の字母となる漢字の「不」として書かれているのです。打ち消しの助動詞で、終止形（言い切りの形）は「ず」。返読

文字なので、その下を見ると、(艹《くさかんむり》)と(古)から構成される「苦」です。とりあえずこの二文字「不レ苦」で「苦しからず」(さしつかえない、かまわないの意)と読むのですが、そのあとの続き具合で「ず」は変化します。すなわち次の(之由《のよし》)に続きますので、四文字で「苦しからざるの由《よし》」と読むのです。(由)は慣れないと読みづらいと思いますが、是非覚えてほしいくずし字の一つです。「〜とのこと」という意味です。は「致二承知一候」で、「承知致《しょうちいた》し候《そうろう》」と読みます。(致)は四度目の登場ですね。(承)は楷書体の一・二画目(了)が書かれたあとは、かなり大胆にくずされています。それに比べたら、(知)はまだ読みやすいですね。次の二文字は頻出する副詞です。の偏は「扌《てへん》」のように見え、旁は「る」のように見えますが、「将」という字なのです。そしてその下の(又)とともに「はたまた」と読みます。「なおまた、それともまた、あるいはまた」といった意味の言葉で、よく使われますので覚えましょう。行末のは「沓茂《くつも》」です。は上部が「水」で下部が「口」に似た「日」のくずしになっています。(も)は「茂」を字母とする変体仮名ですが、ここでは「茂」と表記しました。ちなみに、本史料の関連史料によって、この沓が「鴨沓《かもぐつ》」と呼ばれていることがわかります。鴨沓とは蹴鞠に用いる革沓で、沓と韈《しとうず》(革製の足袋様のもの)が縫い付けられて合体している沓のことです。

⑨

解読文 出来申候而、御家来衆ゟ只今被二(差越)一(できもうしそうらいて、ごけらいしゅうよ

りただいま〈さしこさ〉れ、）

現代語訳　できあがりまして、（貴方の）御家来衆よりただいま（当方へお送り）いただき、

は楷書体の二画目から筆が入るくずし字体の「出」で、は「来」の旧字体「來」のくずし字体なので、二文字で「出来《でき》」です。「しゅったい」とも読みます。次のは「申」で、は「候」、は「而」。三文字で「申候而《もうしそうらいて》」です。「申」は縦棒の右肩に点が打たれています。「申」に続く「候」は、このように「申」の長い縦線が最後に右に小さく曲がり、撥ねることで表されることが多いようです。「候而」は「そうらいて」と読みましたが、「そうろうて」と読んでも結構です。「申」のくずし字体の右側の点は、長い縦線のあと、「候而」のくずしまで連綿と書かれてから、上に戻って打たれています。

古文書において、このような書き方はよくあることです。逆に、点を打ってから縦棒に入る場合もあります（）。次のは「御家来衆《ごけらいしゅう》」で、（御）は④の一字目と同じです。（家）の部首は「宀《うかんむり》」ですが、筆の運びとしてはまず小さく「冖《わかんむり》」を書き（）、それを突き抜ける形で「冖《わかんむり》」の上に点が打たれて（）、その下に続いていきます（）。（来）は六字上と同じですね。（衆）の「血」の部分は、点を打ってその下に横線を引く形にくずされています。「衆」は人を表わす名詞に付いて、尊敬の意を添える言葉です。「御」と相まって、先方（敦賀《つるが》藩主酒井忠香《ただか》）の家来に対する敬意表現となっています。次のは「よ」と「り」が一つになった合字《ごうじ》の「ゟ《より》」。は「只今《ただいま》」で、（今）のは「𠆢《ひとがしら》」です。行末のは尊敬の助動詞で返読文字の「被《れ》」。頻出語ゆえかなりくずされます。そのあとの言葉から返って読みますので、⑩に進みましょう。

⑩

解読文　（被レ）差越一、宜出来忝御世話と　（さしこさ〈れ、〉　よろしきでき　かたじけなきおせわと）

現代語訳　当方へお送り（いただき、）よいできあがりでありがたいご尽力（を賜った）と

は頻出文字で接頭語の「差《さし》」、は虫喰いでちょっと読みにくいのですが、（走《そうにょう》）と（戉）から構成される「越」なので、二文字で「差越《さしこし》」となり、⑨行末に返って「差《さ》し越《こ》され」と読みます。「お送りいただき」といった意味になります。次のは「宜」の異体字「宜《よろしき》」です。は二字目に少し虫損がありますが、⑨の冒頭と同じ「出来《でき》」で「できあがること、完成すること」という意味になります。次のにも一部虫損がありますが、④の六字目と同じ「忝《かたじけなき》」です。は「御世話と」。（話）の偏は典型的な「言《ごんべん》」です。旁のはちょっと判読しにくいかも知れませんが、頭を斜めに傾けて見ますと「舌」に見えてきませんか。

⑪

解読文　奉レ存候、尚貴面上御礼旁可レ得二御《貴》意一候、　（ぞんじたてまつりそうろう、なお　きめんおんれいかたがた　きいをうべくそうろう、）

現代語訳　存じております。なお、貴方にお目にかかり御礼を兼ねてご意見を承りたいと思います。

冒頭のは「奉《たてまつり》」で、返読文字です。二字目のは「存」で、三字目はかなりくずされた「候」なので、「存」から上に返って「存《ぞん》じ奉《たてまつ》り候《そうろう》」と読みます。(存)の筆の運びは、短い横線から縦に長く下りて、右側の「子」という字に続き、最後に左側に点が打たれるのですが、実際にはこの最後の点は、「子」の部分から連綿と「候」が書かれたあとに、上に戻って打たれています。次のは「尚《なお》」で、書状本文の最後の方でよく使われる言葉です。その右下にとあり、これはこの書状の草案（下書き）を推敲した時点で補入した字と考えられます。これは「貴」という字で、二本の横線のあと、縦線が二回右側に曲っています。その左下のとの熟語で「貴面《きめん》」となり、相手を敬ってその人と面会すること、お目にかかることを意味する言葉です。次のは「上」と書こうとして、やめることにしたので、楷書体の一画目の横棒を欠いたちょっと中途半端な字のまま、左側に傍点「〻」を打ち、見消としたのだと考えられます。その下のは「御礼」です。(礼)は(礻《しめすへん》)と(豊)から構成される旧字体の「禮」ですが、新字体（常用漢字）で表記しました。右下に補入されたは「旁《かたがた》」で、「〜を兼ねて」という意味です。その左のは「可《べく》」。ここでは意志の助動詞で、返読文字です。「可」から連綿と書かれるは「得」。「氵《さんずい》」のような筆の入り方で、旁が「乙」という字のように大胆にくずされ、最後に偏に点が打たれる形で、筆は次の字に連綿と続いています。超難読文字ですが、この形で覚えてしまいましょう。次のは「御《ぎょ》意《い》」ですが、(御)の左側には傍点「〻」を打ち、見消として、右側に(貴)と訂正しています。行末にかけての五文字は「貴《き》意《い》を得《う》べく候《そうろう》」と読むのです。「貴意」は相手を敬ってその考えを意味する言葉です。「貴意を得《え》」という慣用句は頻出しますので必ず覚えましょう。

⑫

解読文　**以上、**（いじょう、）

は平仮名の「い」のような字から、少し斜めに傾いた片仮名の「ト」のような字に筆が続いていますが、「**以上**」です。書状などの文書《もんじょ》の最後に書いて、終わりの意を表わします。

⑬

解読文　**三月廿二日**（さんがつにじゅうににち）

この行は本史料の日付で、は「**三月**」。の最後の二文字には虫損がありますが、「**廿二日**《にじゅうににち》」です。書状ゆえ年号は記されませんが、関連史料から延享二年（一七四五）に年次比定されます。

⑭

解読文　**酒井播磨守様**（さかいはりまのかみさま）

この行は本史料の宛所で、は「**酒井**」です。「酒」が「冫《にすい》」のように書かれていますが、「氵《さんずい》」

が「」に書かれることはよくあることです。次の（井）の筆の運びは、楷書体の一画目（上の「一」）が通常とは逆に右から左に書かれて、その流れで三画目の縦線、二画目（下の「二」）、四画目（右の縦線）と続いています。は（广《まだれ》）と（林）と（石）から構成されています。は「播磨守《はりまのかみ》」。（播）は（扌《てへん》）と（番）から、そして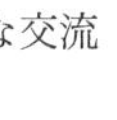（磨）（守）は典型的なくずし字体ですので、覚えましょう。最後のは「様《さま》」で、（殿）よりも宛所《あてどころ》の人物に対する敬意は厚くなります。

解説

本史料とその関連史料五通を包んでいる**包紙**には、延享二年（一七四五）三月二十二日、大坂表にて酒井播磨守（忠香《ただか》）より「蹴鞠色目書付壱通・水干色相書付壱通」を送られたという内容が墨書されています。酒井忠香（一七一五—九一）は、越前《えちぜん》国敦賀《つるが》藩主（譜代大名、一万石）で、享保十七年（一七三二）十二月十六日付で従五位下・播磨守に叙任しています。この**包紙**に収納されている他の史料等も勘案すれば、本史料は、当時大坂加番をつとめていた黒羽藩七代藩主大関増興《ますおき》（一七〇九—七〇）が敦賀藩主酒井忠香から三月二十二日付の書状とともに、蹴鞠で着用する装束についての色合いや模様による階級を書き上げたものと、水干《すいかん》の色合いについて教示・助言する内容の書付けを受け取ったことに対する、同日付の礼状の草案（下書き）と考えることができます。訂正用の細線及び傍点（七箇所）による見消《みせけち》や補入文字も認められます。**包紙**の墨書から、延享二年（一七四五）に年次比定することができます。草案ではありますが、大関増興と他大名との遊芸面での交流を示す貴重な史料と言うことができるでしょう。

享保年間（一七一六—三六）以降藩財政の危機を迎えていた黒羽藩において、元文三年（一七三八）に三十歳で家督を相続し七代藩主となった大関増興は、財政の立て直しに尽力しましたが、その一方で、彼は無外流剣術や宝蔵院流槍術に通じ、梅主と号して和歌を得意としていました。また、駿河《するが》国駿東《すんとう》郡原《はら》（現静岡県沼津市）出身の臨済宗妙心寺派の僧で、日本臨済禅の中興の祖とされる白隠《はくいん》慧鶴《えかく》（一六八五—一七六八）とも交流があり、禅を学んでいました。

さて、本史料の内容としては、大関増興が兼ねて「御約束」していた蹴鞠の装束の色合いに関する酒井忠香の記憶のとおりの「御書付」を受け取ったことに対する礼を述べ、水干の色合いに関しても、教示を得た「三色」（紅・紫・桃色）に似た色については使用をさしひかえるべきであって、それ以外は何色であっても使用してかまわない、ということを承知したと述べています。さらに、蹴鞠で使用する沓を送られたことについても礼が述べられ、御礼言上及びさらなる教示を受けるべく面談を期したい、としています。

【参考文献】

黒羽町教育委員会社会教育課編『ふるさと雑記』（黒羽町教育委員会、一九七九年）
新井敦史『下野国黒羽藩主大関氏と史料保存—「大関家文書」の世界を覗く—』（随想舎、二〇〇七年）

3 松尾芭蕉を歓待
——『おくのほそ道』「黒羽」の章

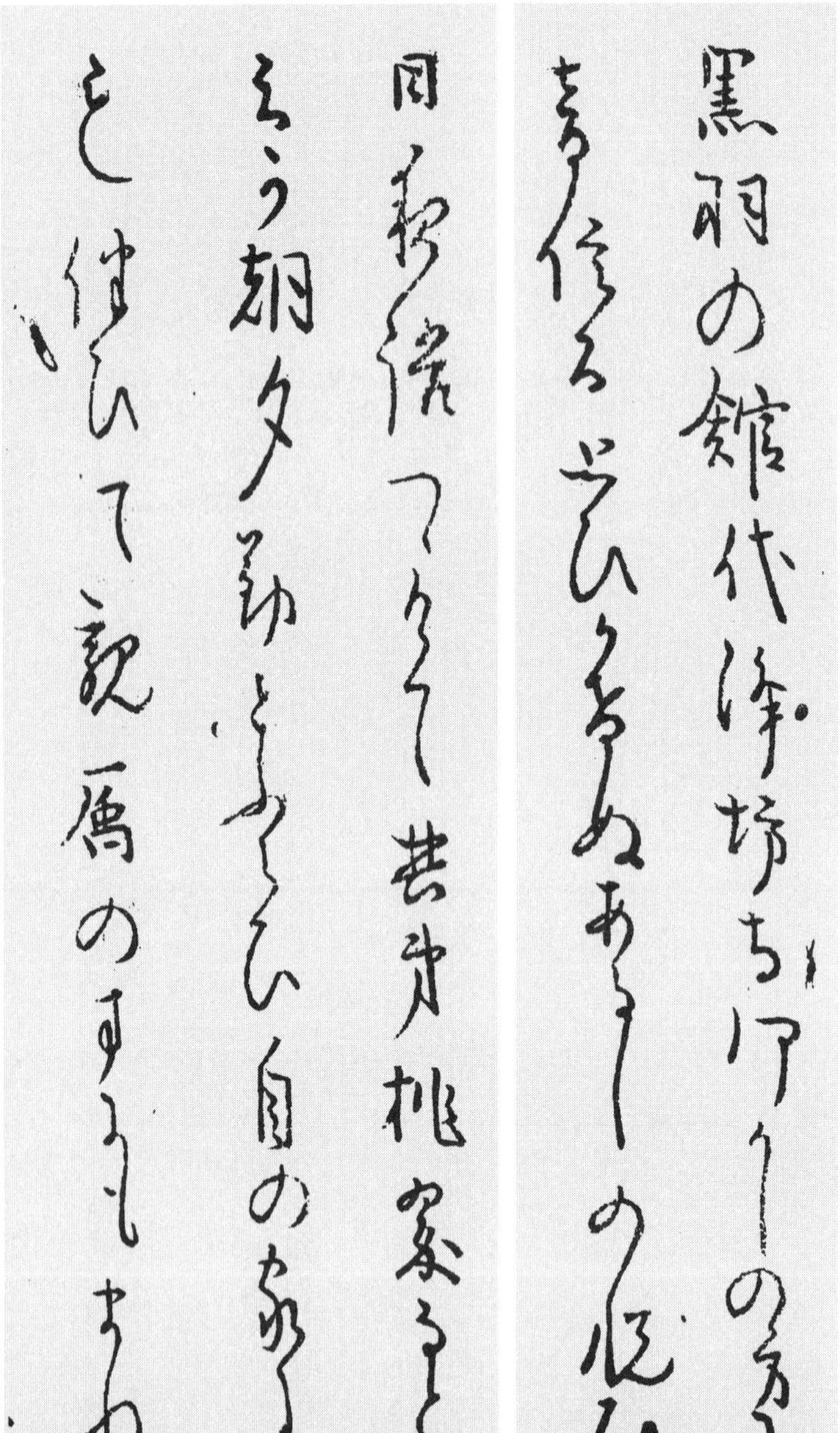

⑧ 折復の篠辱をありてむ藻のその

⑨ 古墳をゝゝふろれもの八幡宮とう倚

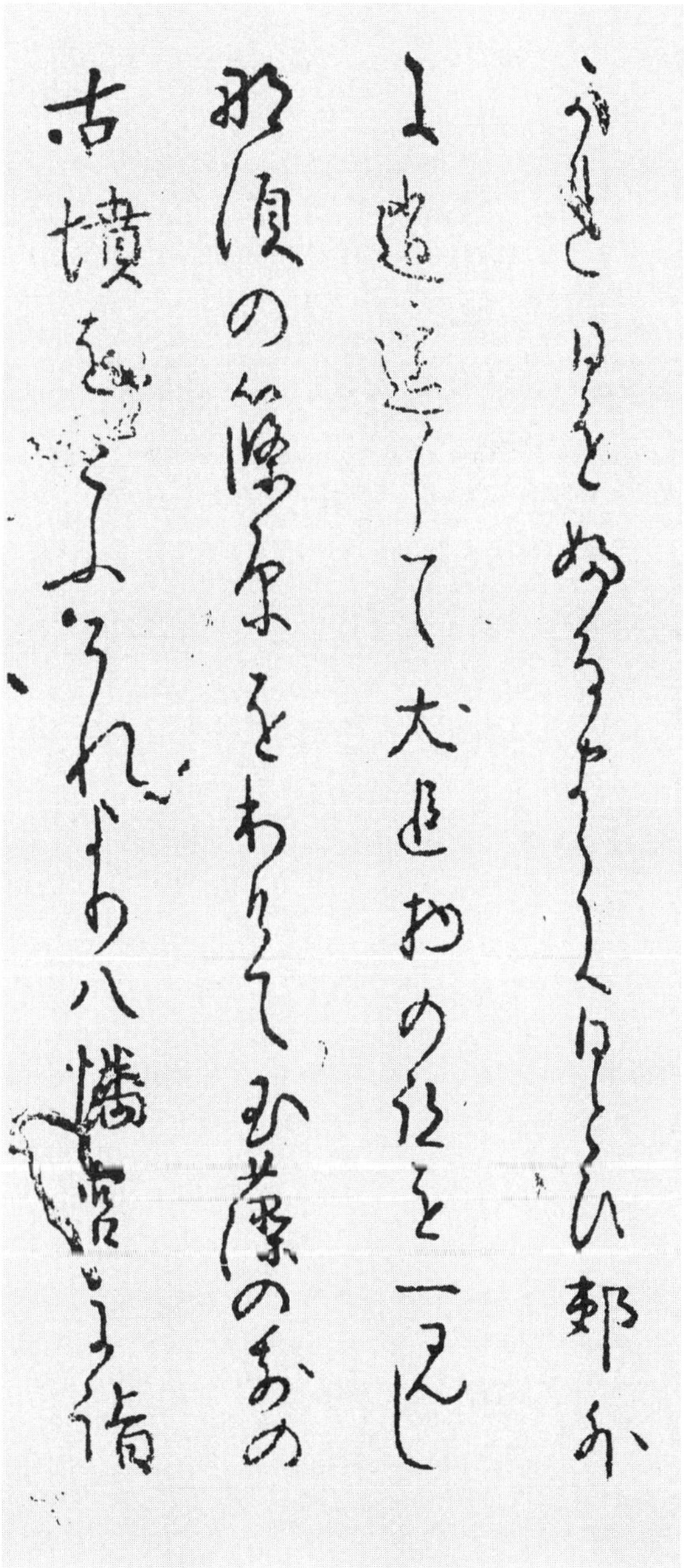

（個人蔵）

【あらすじ】黒羽藩城代家老浄法寺高勝《じょうぼうじたかかつ》とその弟が『おくのほそ道』紀行の途上にある松尾芭蕉を歓待した。

①

解読文 **黒羽の館代浄坊寺何かしの方に**（くろばねのかんだいじょうぼうじなにがしのかたに）

現代語訳 黒羽の城代家老浄法寺某《なにがし》のもとを

冒頭は「黒羽《くろばね》」で、現在の栃木県大田原《おおたわら》市の黒羽地区です。松尾芭蕉の傑作『おくのほそ道』「黒羽」の章の前半部分を寛政元年（一七八九）刊行の版本で読んでいきましょう。芭蕉は元禄二年（一六八九）の『おくのほそ道』の旅において、最も長い滞在期間となる四月三日から四月十六日までの十四日間を黒羽で過ごしました。

さて、四字目のは「館」という字ですが、これは異体字ですので、「館」と表記しました。五字目との熟語で「館代《かんだい》」となり、黒羽藩の城代家老のことです。六字目のは（氵《さんずい》）と（争）から構成される「浄」、は「坊」、は「寺」なので、三文字で「浄坊寺《じょうぼうじ》」となります。（寺）は典型的なくずし字体ですので、覚えるようにしましょう。「浄坊寺」は「浄法寺《じょうぼうじ》」が正しい表記となり、城代家老の名字です。次のは（亻《にんべん》）と（可）から構成される「何」で、次のは「可」を字母とする変体仮名の「か」、は「し」ですので、三文字で「何かし《が》」となります。行末のは「方に」で、(に)は「尓(爾)」を字母とする変体仮名です。芭蕉は『おくのほそ道』のなかで「浄坊寺何かし」と記していますが、実名《じつみょう》は高勝《たかかつ》、通称は図書《ずしょ》といい(五百石)、黒羽城の三の丸(本丸の南側)に屋敷を構え、元禄二年当時、二十九歳でした。鹿子畑《かのこはた》高明の長男で、母方の浄法寺家を継いでいました。当時、黒羽藩主大関増恒《ますつね》はわずか四歳で、江戸屋敷にいましたので、浄法寺高勝が文字通り藩を取り仕切っていたのです。そして彼は芭蕉の門人となっていたと考えられ、桃雪《とうせつ》・秋鴉《しゅうあ》を俳号としていました。ちなみに、元禄二年当時、芭蕉は四十六歳で、一緒に旅をした門人の曾良《そら》は四十一歳でした。

②

解読文 音信る、思ひかけぬあるしの悦ひ、(おとずる、おもいがけぬあるじのよろこび、)

現代語訳 訪れる。思いもかけぬ(突然の訪問に)主人の喜び(は言いようもなく、)

冒頭のは(立)と(日)から構成される「音」、は(亻《にんべん》)と(言)からなる「信」で、三字目の(る)に続いて、「おとずる」と読みます。は「思ひ《い》か《が》けぬ」です。(思)は「田」の部分が片仮名の「ソ」のようにくずされています。(か)は⑴の下から五字目と同じで、(け)は「希」を字母とする変体仮名です。は「あるし」で、「あるし《じ》」(主)とは浄法寺高勝のこと。行末のは「悦ひ《よろこび》」で、のように書かれる「忄《りっしんべん》」も頻出です。

③

解読文　**日夜語つゝけて、其弟桃翠なと**　（にちやかたりつづけて、そのおとうととうすいなど）

現代語訳　昼も夜も歓談し続けて、その弟の桃翠などと

は「日夜」で、(夜)は上の横線を右から書いて、筆が時計回りに小さく回り、横線の少し上から真っ直ぐ下りてくるのが特徴です。三字目のは(言《ごんべん》)と(吾)から構成される「語《かたり》」、は「つゝ《づ》けて」です。(ゝ)は踊り字なので、一字上の「つ」と同じで、「づ」と読みます。(け)は「介」もしくは「个」を字母としています。次のは「共」という字に似ていますが「其《その》」で、は「弟」の異体字「才」です。は「桃翠《とうすい》」。(翠)は上の(羽)と下の(卒)から構成されていますが、ちょっと難しい字ですね。「桃翠」は俳号ですが、正しくは「翠桃《すいとう》」で、黒羽藩士鹿子畑（当時は岡）豊明《とよあき》（四百四十八石）のことです。彼は嵐雪《らんせつ》（蕉門十哲の一人）門の俳人でもあり、元禄二年当時、二十八歳で、兄の浄法寺高勝とともに、二週間にわたり芭蕉と曾良を歓待しました。行末のは「なと《ど》」で、(な)は「奈」を字母としています。「る」によく似ていますので、要注意です。

④

解読文　**云か朝夕勤とふらひ、自の家に（も）**　（いうがあさゆうつとめとぶらい、みずからのいえに〈も〉）

現代語訳　いう人が朝晩気を配って訪ねてくれ、(我々を)自分の家へ(も)

は「云《いう》」で、は①の下から五字目や②の六字目とは少しだけ異なる字体で、「う」に似ていますが、やはり「可」を字母とする変体仮名の「か」です。この二文字で「云か《いうが》」となり、二文字の間に「人」という言葉が略されています。次のは「朝夕」、は「勤《つとめ》とふ《ぶ》らひ《い》」です。「勤」は力を尽くして行う、「とふらひ」は訪ねてという意味になります。は「自《みずから》の」で、行末のは「家に」。(家)の筆の運びは、「宀《わかんむり》」を書いてから、それを貫く形に筆が左斜め下に下りるのが特徴で、(に)は①行末と同じです。「自の家」すなわち翠桃の家は、那珂川《なかがわ》の西側の余瀬《よぜ》(現栃木県大田原市余瀬)にありました。

⑤

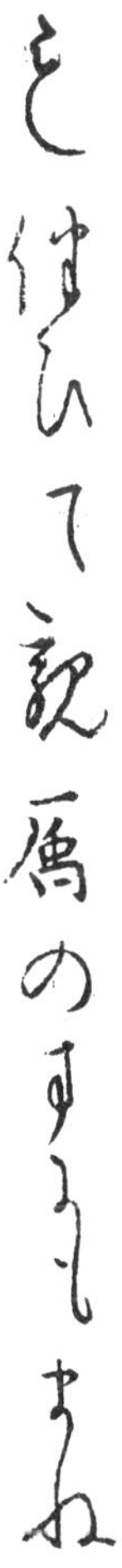

解読文　(家に)も伴ひて、親属の方にもまね(かれ、)　(〈いえに〉もともないて、しんぞくのかたにもまね〈かれ、〉)

現代語訳　(家へ)も連れて行ったり、親戚の所にも招待(されたりして、)

冒頭のは「毛」を字母とする「も」で、④行末から続き「家にも」となります。二字目のは(亻《にんべん》)と(半)からなる「伴」です。旁の「半」の筆の運びは、楷書体の一・二画目のあと、五画目の縦線が引かれ、最後に三・四画目(横二本線)が連綿と書かれています。次の二文字に続いて「伴《ともな》ひ《い》て」となります。のは「親属《しんぞく》の」です。「親属」は「親族」とも書き、親戚のことで、光明寺住職津田源光（妻が翠桃の父高明の次女）らです。次の は「方《かた》にも」で、行末の （方）は平仮名の「す」に似た字ですが、①の下から二字目を少しくずした字体なのです。行末の は「まね」で、 （ま）は「末」を、 （ね）は「祢」をそれぞれ字母としています。

⑥ 

解読文 （まね）かれ、日をふるまゝに、ひとひ郊外（に）

（〈まね〉かれ、ひをふるままに、ひとひこうがい〈に〉）

現代語訳 （招待）されたりして、何日か過ごすうちに、ある日（黒羽の）郊外（に）

 は④の二字目と同じ「か」で、 は虫喰い穴がありますが、「連」を字母とする「れ」です。「レン」という読みが「れ」に通じます。⑤行末から続いて「まねかれ」（招かれ）となります。次の は「日を」、 は「ふるまゝに」。 （ふ）は「婦」を字母として、 （ま）は⑤の下から二字目と同じで字母は「末」です。 （ゝ）は③の五字目と同じく踊り字なので、ここでは「ま」と読みます。 （に）は①及び④の行末と同じく「尓（爾）」を字母とする変体仮名です。「ふる」を漢字表記しますと「経る」となります。次の は「ひとひ」。最初の （ひ）は「日」を、三字目の （ひ）は「比」を字母としています。「ひとひ」を漢字で書けば「一日」となり、「ある日」という意味です。行末の は「郊外」で、 （外）の筆の運びは、楷書体の筆順通りとなっています。

⑦ 

解読文 **（郊外）に逍遥して、犬追物の跡を一見し、**（〈こうがい〉にしょうようして、いぬおうもののあとをいっけんし、）

現代語訳 （郊外）に散策して、（まず）犬追物が行われた跡をちょっと見物し、

⑥行末から冒頭（に）に続き、「郊外に」となります。は「逍遥《しょうよう》して」で、「逍遥」は「散策すること、気ままにぶらぶら歩くこと」です。は「犬追物《いぬおうもの》」。（物）の偏は「扌《てへん》」に見えますが「牛《うしへん》」で、典型的なくずし字体ですので、覚えるようにしましょう。「犬追物」とは、中世武士による騎《き》射《しゃ》の練習で、竹垣で馬場を囲い、放たれた犬を騎馬武者が追いかけて蟇目《ひきめ》の矢（犬に傷をつけないために鏃《やじり》をつけず、朴《ほお》や桐などで製した大形の鏑《かぶら》をつけた矢）で射るものでした。は、偏が「言《ごんべん》」のくずしと共通ですが「𧾷《あしへん》」で、旁もかなり大きくくずされているものの、「跡」です。「犬追物の跡」については、大田原市立川西中学校の北東の林叢がその跡地と伝えられています。は「一見し」です。

⑧ 

解読文 **那須の篠原をわけて、玉藻の前の**（なすのしのはらをわけて、たまものまえの）

現代語訳 那須の篠原を踏み分けて、玉藻の前の

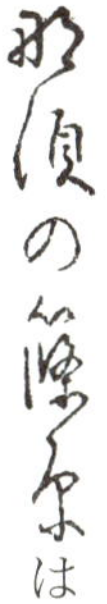は「那須の篠原」。那須野のことで、「もののふの矢《や》並《なみ》つくろふ小手の上に

霰《あられ》たばしる那須の篠原　源実朝」（『金槐集《きんかいしゅう》』）に基づく歌枕です。現在、栃木県大田原市蜂巣《はちす》の内に篠原《しのはら》という小字《こあざ》があり、そこには九尾《きゅうび》の狐（玉藻《たまも》の前）を祀ったと言い伝えられる玉藻稲荷神社があります。わけては「わけて」で、け（け）は「介」または「个」を字母とする変体仮名です。

玉藻のおは「玉藻の前」。「玉藻」は女性の名前で、「前」は貴婦人の名前に添えて敬意を表わす言葉です。「玉藻の前」については、九尾の狐が化けて鳥羽院の寵姫《ちょうき》となったものの、陰陽師《おんみょうじ》安倍泰成《あべのやすなり》に正体を見破られて、那須野に逃れ、三浦介《みうらのすけ》・上総介《かずさのすけ》に射殺されて、殺生石《せっしょうせき》と化したという伝説があります。

⑨ 

解読文　**古墳をとふ、それより八幡宮に詣、**（こふんをとう、それよりはちまんぐうにもうず、）

現代語訳　**古い塚を訪ねた。それから八幡宮に参詣した。**

古墳をは「古墳《こふん》を」です。「玉藻の前の古墳」とは、玉藻の前を葬ったと伝えられる狐塚《こつか》と称する円墳のことですが、第二次世界大戦後の開田のため崩されて、現在は平地となり、「狐塚之址」と刻された石柱が建つのみです。とふは一字目に虫損があるものの、「とふ」で、漢字で書けば「訪ふ《う》」となります。それよりは「それより」で、そ（そ）は「曽」、れ（れ）は「礼」、よ（よ）は「与」、り（り）は「利」をそれぞれ字母としています。八幡宮ニは「八幡宮《はちまんぐう》に」で、「八幡宮」とは金丸《かねまる》八幡宮（現大田原市南金丸）のことで、現在は那須神社という名称になっています。応神天皇を祭神とし、那須氏代々の氏神として崇敬されて、戦国時代から江戸時代にかけては大関氏に崇敬されていました。行末の詣は「詣《もうず》」で、偏は典型的な「言《ごんべん》」、旁は「旨」の異体字「㫖」となっています。

解説

ここで取り上げたのは、不世出の俳諧師松尾芭蕉（一六四四―九四）が執筆し、推敲を重ねた結果生まれた俳諧紀行文の傑作『おくのほそ道』の「黒羽」の章の前半部分です。『おくのほそ道』は、芭蕉が元禄二年（一六八九）の奥羽・北陸行脚の旅を終えて、江戸に帰着した元禄四年十月末以降の二年余りの間に執筆・推敲の上、完成となりました。そして芭蕉は、これを能書家の素龍《そりゅう》に託して清書させ、この素龍清書本が出来上がったのが元禄七年初夏のことです。『おくのほそ道』諸本については、この芭蕉自筆本や素龍清書本の他、素龍筆別本（素龍が「清書本」の他に書写した一本で柿衛《かきもり》文庫本ともいう）・曾良《そら》本（決定稿以前の芭蕉草稿を曾良が筆写したもの）などがあります。この内の素龍清書本は、元禄七年の旅に芭蕉が携行し、伊賀上野の兄半左衛門に贈られ、芭蕉の死後、その遺言により蕉門の高弟向井去来《むかいきょらい》に譲られました。その後の伝来を経て、現在、福井県内の西村家に所蔵されているので、「西村本」とも呼ばれています。そしてこの素龍清書本（西村本）が去来の手元にあった折、それを透き写して、素龍の跋文《ばつぶん》を省き、刊行の由来を書いた奥付を付けて、京都の井筒屋庄兵衛が刊行しました。元禄十五年（一七〇二）のことで、井筒屋初版本と呼ばれています。その後も江戸時代を通じて『おくのほそ道』は版を重ねていきますが、今回取り上げた版本は、明和七年（一七七〇）版を『おくのほそ道』紀行百周年にあたる寛政元年（一七八九）に再版したもので、刊記によって本書の版木が井筒屋から「諧仙堂」＝「浦井徳右衛門」に移っていたことが判明します。

『おくのほそ道』「黒羽」の章の前半では、「浄坊寺《じょうぼうじ》何かし」「桃翠《とうすい》」兄弟に歓待されたことや犬追物《いぬおうもの》の

芭蕉が訪れた雲巌寺の山門

跡・玉藻《たまも》の前の古墳などを巡覧した那須の篠原逍遙、さらには八幡宮参詣について記され、今回紙幅の都合で取り上げなかった後半部分では、光明寺《こうみょうじ》参詣の文章と「夏山に足駄《あしだ》を拝む首途哉《かどでかな》」の句が載せられています。実際の『おくのほそ道』紀行における黒羽滞在（元禄二年四月三日〜同十六日）では、芭蕉は黒羽藩城代家老浄法寺高勝《じょうぼうじたかかつ》（桃雪《とうせつ》）邸に八泊、高勝の弟鹿子畑豊明《かのこはたとよあき》（翠桃《すいとう》）邸に五泊しています。その間、四月五日に雲巌《うんがん》寺《じ》に行き、参禅の師仏頂和尚山居の跡を見学し、同九日、光明寺を訪れました。そして四月十二日、余瀬《よぜ》の鹿子畑翠桃宅の芭蕉と曾良のもとを浄法寺高勝が見舞いに訪れ、高勝に誘われて那須の篠原逍遙となり、翌日には津久井氏（余瀬かその周辺に居住していたと思われる庶民、俳人）の見舞いを受け、誘われて八幡宮参詣となりました。翌十四日には、翠桃宅の芭蕉のもとを浄法寺高勝が「重之内」（重箱に詰めた食べ物）を持って見舞いに訪れ、雨降りの一日をともに過ごしています。高勝はさらに四月十六日、黒羽（余瀬）を出立する芭蕉に馬を貸し、道案内のため家来を同行させるという気遣いを見せています。権力に阿《おもね》る芭蕉ではありませんが、慣れぬ地で、地域を代表する人物たちに歓待されて、うれしかったのではないでしょうか。

【参考文献】

萩原恭男校注『芭蕉　おくのほそ道』（岩波文庫、岩波書店、一九七九年）
久富哲雄『おくのほそ道全訳注』（講談社学術文庫、講談社、一九八〇年）

第4章 武家の重要文書

1 家綱からの御朱印
——領知朱印状

寛文四年(一六六四)四月五日

⑤ ④ ③ ② ①

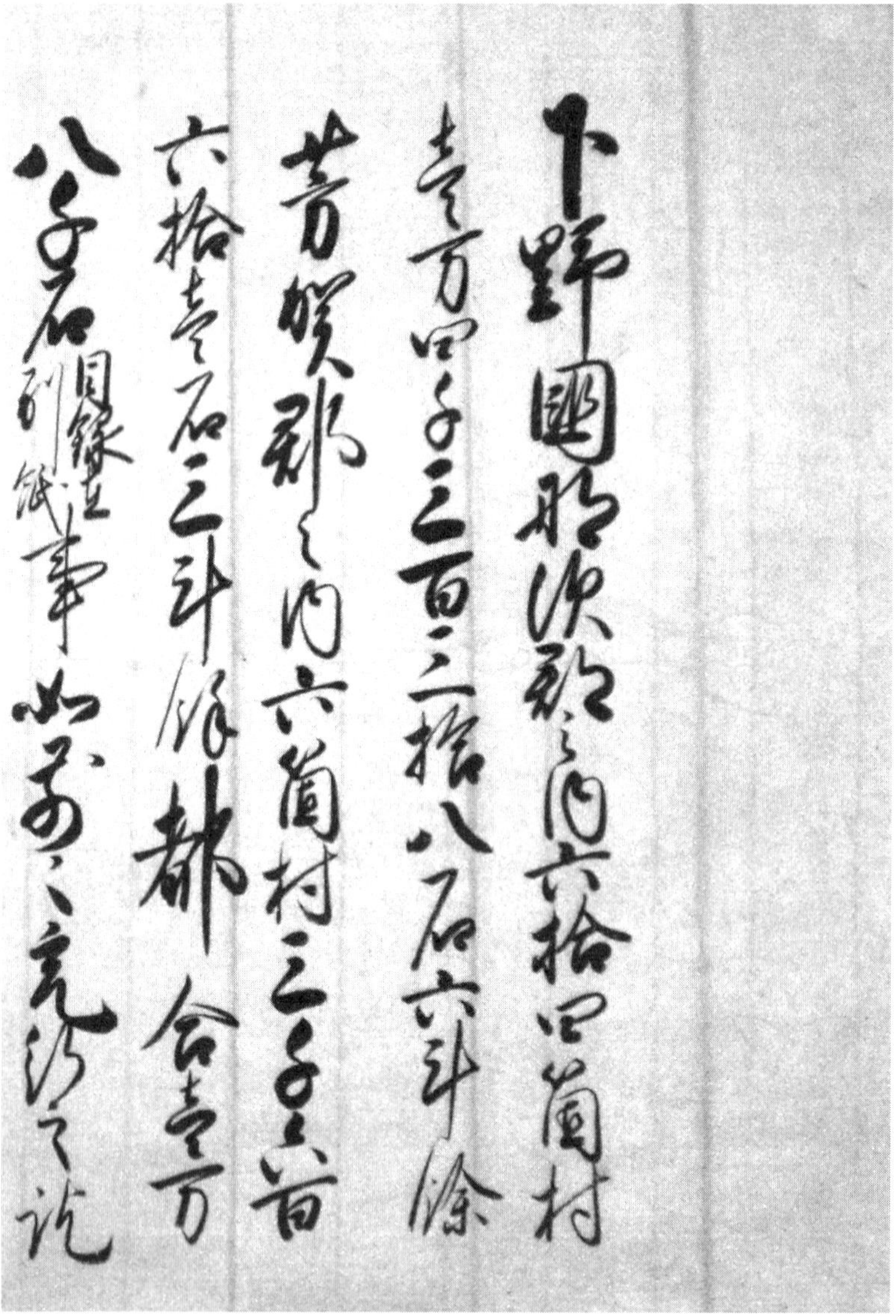
① 下野国那須郡之内六拾四箇村
② 壱万四千三百三拾八石六斗余
③ 芳賀郡之内六箇村三千五百
④ 六拾壱石三斗余都合壱万
⑤ 八千石目録在別紙事如前々充行之訖

⑧　　　　　　　　⑦　　　　　　　⑥

全領知之、永不可有相違者也

寛文四年四月⚫️日
（朱印）

大関信濃守とのへ

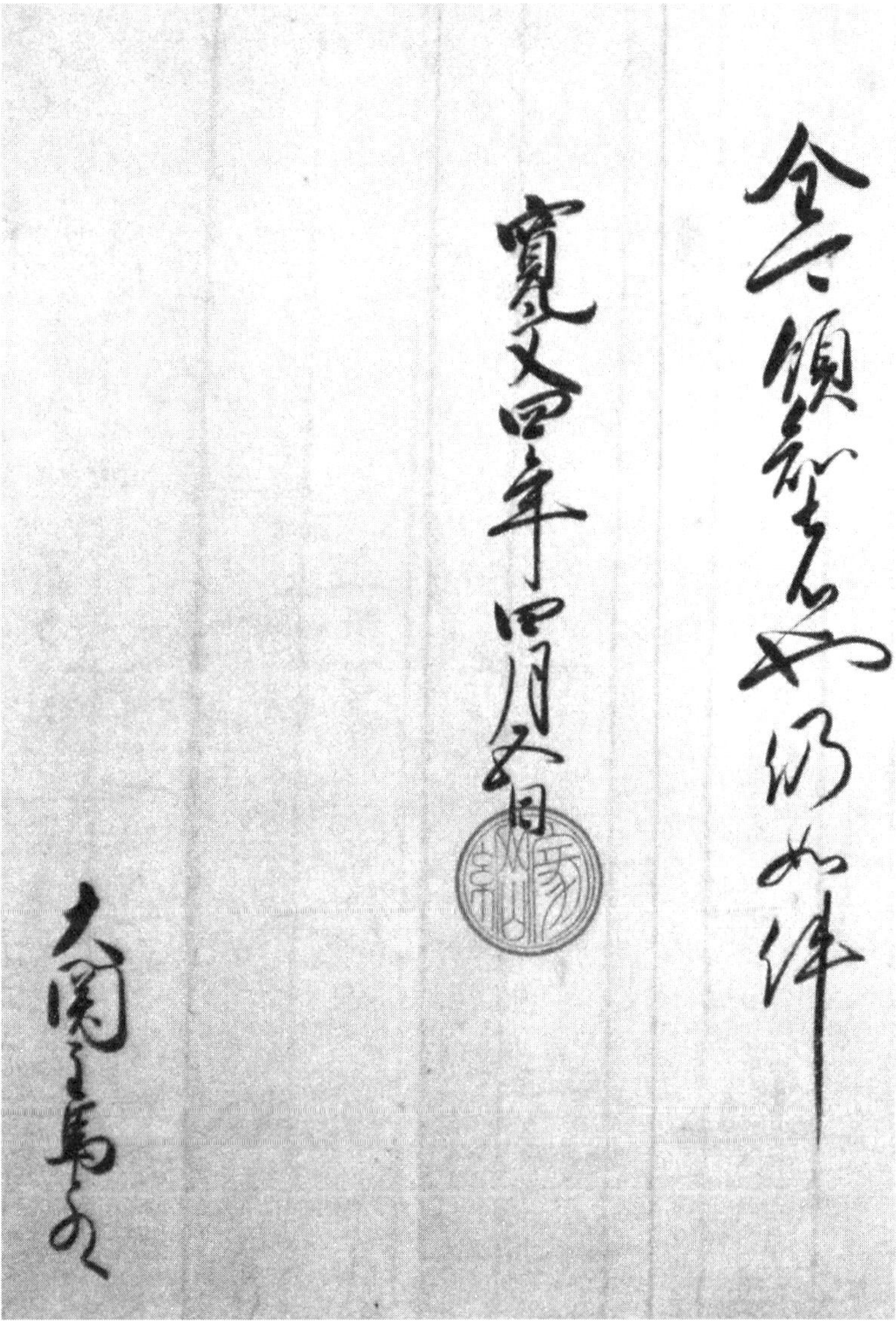

【あらすじ】 一万八千石の領地を大関氏が領有・支配することについて、江戸幕府四代将軍徳川家綱が公認する文書を発給した。

① 

解読文 **下野国那須郡之内六拾四箇村**（しもつけのくになすぐんのうちろくじゅうよんかそん）

現代語訳 下野国那須郡内にある六十四か村（からの）

冒頭のは「下野国《しもつけのくに》」で、ほぼ現在の栃木県に相当しています。（国）は旧字体の「國」を少しくずした字です。新字体（常用漢字）で表記しました。次の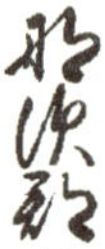は「那須《なす》郡」で、下野国内の北東部に位置しています。（那）のは典型的な「阝《おおざと》」のくずしです。（須）の（彡）は「氵《さんずい》」や「亻《にんべん》」のくずしにも通じているため、注意が必要です。楷書体では異なる部首なのに、くずすとほとんど同一の字体になってしまうことはしばしばあるのです。（郡）の旁は二字上の「那」の旁と同じですね。次のは「之《の》」、は「内」の典型的なくずし字体ですので、覚えましょう。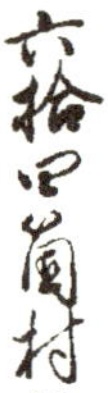は「六拾四箇村」です。このように公の文書《もんじょ》や金銭証書などでは、間違いを防ぐために漢数字の「十」は「拾」と書かれます。（四）は楷書体の一・二画目のあと、三・四画目がくずされて、五画目（下の横線）につながっており、よく見る字体です。

②

解読文 壱万四千三百三拾八石六斗余・（いちまんよんせんさんびゃくさんじゅうはっこくろくとよ・）

現代語訳 （収穫高）一万四千三百三十八石六斗余り（及び）

冒頭のは「壱万」です。①で「十」が「拾」と書かれているように、「一」は「壱」と書かれます。は「四千」で、（千）の筆の運びは、まず右上から左下に短く入ったあと、曲線状に縦線が引かれ、横線につながっています。楷書体の筆順とは異なっていますが、くずし字では通常の書き方です。続くは「三百三拾八石《こく》六斗《と》」。漢数字はそのまま読めますね。（拾）は①の下から四字目よりも、旁が少しくずされています。「石」は尺貫法で穀物などの容積をはかる単位で、一斗の十倍（約一八〇リットル）です。行末のは（飠《しょくへん》）と（余）から構成される「餘」ですが、新字体（常用漢字）では「余」です。

③

解読文 芳賀郡之内六箇村三千六百（はがぐんのうちろっかそんさんぜんろっぴゃく）

現代語訳 芳賀郡内にある六か村（からの収穫高）三千六百

は「芳賀《はが》郡」で、（賀）は（加）と（貝）から構成されています。「芳賀郡」

は下野国内の南東部に位置しています。下から二字目の（六）は、五字上のよりも横線（楷書体の二画目）がかなり短く書かれているので、ちょっと迷ってしまいそうですね。

④

解読文 六拾壱石三斗余、都合壱万（八千石）

（ろくじゅういっこくさんとよ、つごういちまん〈はっせんごく〉）

現代語訳 六十一石三斗余りで、合計一万（八千石）

は「六拾壱石三斗余」。漢数字は読みやすいですね。（余）の旁のは②行末の旁より大きくくずされ、「手」のくずしと共通の字体となっています。楷書体では違う字でも、くずすと一緒になってしまう字体の一つです。そういえば、「余」と「手」は字としてどことなく似た感じがしないでもないですね。次のは「都合《つごう》」で、合計という意味です。壱万四千三百三拾八石六斗余プラス三千六百六拾壱石三斗余で、合計一万八千石となる訳です。

⑤

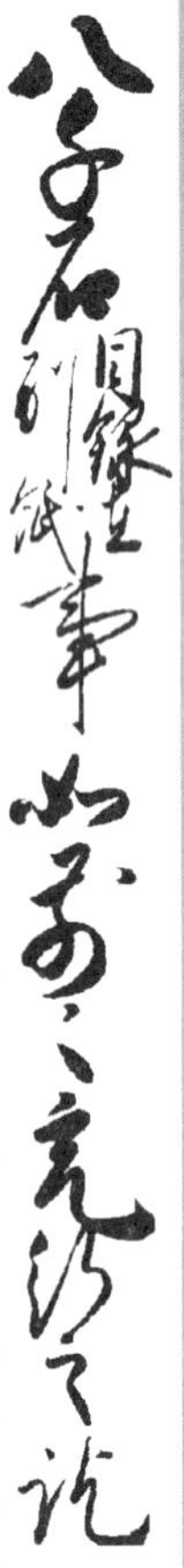

解読文 （壱万）八千石〈目録在二別紙一、〉事、如二前々一充二行之一訖、

（〈いちまん〉はっせんごく〈もくろくべっしにあり、〉のこと、まえまえのごとくこれをあてがいおわんぬ、）

現代語訳 （一万）八千石〈その明細を記した目録は別紙のとおり、〉のことについて、以前のとおりにこの石《こく》

高《だか》を与えるものである。

「(壱万)八千石」の下の二行書きの部分は割書《わりがき》と言って、直前の「都合壱万八千石」の補足説明となっています。〈 〉を付して表記しました。割書の は「目録《もくろく》」、 は「在」、 は「別紙《べっし》」で、「目録在二別紙一」は「目録別紙《もくろくべっし》に在《あ》り」と読むのです。一万八千石の明細については、別紙として領知目録があるという意味になります。次の は「事」で、楷書体の二〜四画目と五〜七画目がくずされ、連綿と書かれています。「の」を補って「〜のこと」と読みます。 は「如《ごと》」、次の は「前」の典型的なくずしで、その下の は踊り字なので、三文字で「如二前々一」となり、「前々《まえまえ》の如《ごと》く」と読みます。 は「充行《あてがい》」で、 (行)の旁はくずされると、このように書かれることが多いのです。 は「之《これ》」で、行末の は「訖《おわんぬ》」です。 は「訁《ごんべん》」の典型的なくずしなので、覚えてしまいましょう。「訖」は動作が完了したことを示す言葉です。「充二行之一訖」は「これを充行《あてが》い訖《おわ》んぬ」と読みます。

⑥

解読文 **全可二領知一者也、仍如レ件、**(まったくりょうちすべきものなり、よってくだんのごとし、)

現代語訳 (大関氏は右に記した領地を)完全に領有・支配するようにしなさい。そのような訳で、右に記した通りである。

冒頭の は「全《まったく》」で、 は「王」の典型的なくずしです。次の は「可《べき》」の典型的なくずし。ここでは命令の助動詞で、返読文字です。すなわちその下から返って読む訳ですが、 は「領知《りょうち》」。

（領）の偏は②行末・④七字目の「飠《しょくへん》」と同じですが、「令」のくずしなのです。次のは「者也《ものなり》」なので、「可二領知一者也」は「領知《りょうち》すべき者《もの》なり」と読みます。は「仍《よって》」で、そのような訳で、といった意味の言葉です。は「如レ件」で、「件《くだん》の如《ごと》し」と読み、「右に記した通り」という意味になります。「仍如レ件」は公文書の書止文言《かきとめもんごん》の一つです。

⑦

解読文　**寛文四年四月五日（朱印）**（かんぶんよねんしがついつか［しゅいん］）

この行は本史料の発給年月日と差出者を示します。は「寛文四年」で、西暦一六六四年です。は「四月五日」。（五）の筆の運びは、楷書体の一・二画目のあと、四画目・三画目となっています。「日」にかかる朱印の印文《いんもん》は右から「家綱」となっており、江戸幕府四代将軍徳川家綱のことです。

⑧

解読文　**大関主馬とのへ**（おおぜきしゅめどのへ）

この行は本史料の宛所《あてどころ》です。は「大関」、は「主馬《しゅめ》」。（主）は点を打って、「王」の典型的なくずしに続く字となっています。「大関主馬」は黒羽藩五代藩主大関増栄《ますなが》（一六三九―八八）

です。その下のは「と《ど》のへ」。宛所の人物に対する敬称ですが、「殿」と比べて相手への礼は薄くなります。大関氏（外様大名・一万八千石）クラスの大名宛て将軍発給文書の宛所の敬称は「とのへ」となり、それと並行する形で、宛所が書かれる高さは、年月日の高さよりずいぶんと下がります。

解説

本史料は**領知朱印状**《りょうちしゅいんじょう》と呼ばれています。江戸幕府将軍が諸大名に対して、従来の領地を引き続いて領知（領有・支配）することを承認する公文書のことで、大名家が拠って立つところの存立基盤を保障するきわめて重要な文書なのです。領知朱印状は、諸大名が領知する村々を書き上げた明細としての**領知目録**とともに発給されました。ちなみに、石高十万石以上及び従四位下《じゅしいのげ》・侍従《じじゅう》より上の大名に対しては、**領知判物**《りょうちはんもつ》と呼ばれる別の様式による公文書が発給されていました。初めに寛文四年（一六六四）四月五日付で四代将軍徳川家綱から諸大名に発給され、同日付で領知目録も御朱印奉行（小笠原長頼・永井尚庸《なおつね》）の連署にて発給されています。以後、将軍の代替わりごとに諸大名への所領確認がなされ、新将軍名の領知朱印状と領知目録がセットで発給されていくこととなったのです。黒羽藩主大関氏宛ての領知朱印状と領知目録は、五代藩主大関増栄《ますなが》が受給した本史料及び領知目録から、十三代藩主大関増昭《ますあきら》が受給した安政二年（一八五五）三月五日付のものまで計十組が伝存し（黒羽芭蕉の館所蔵「大関家文書」）、本高一万八千石の領知について公認されてきたのです。

【参考文献】

日本歴史学会編『概説古文書学　近世編』（吉川弘文館、一九八九年）

2 大名家の家督相続
——江戸幕府老中奉書

（寛文元年〈一六六一〉十二月二十九日）

④　③　②　①

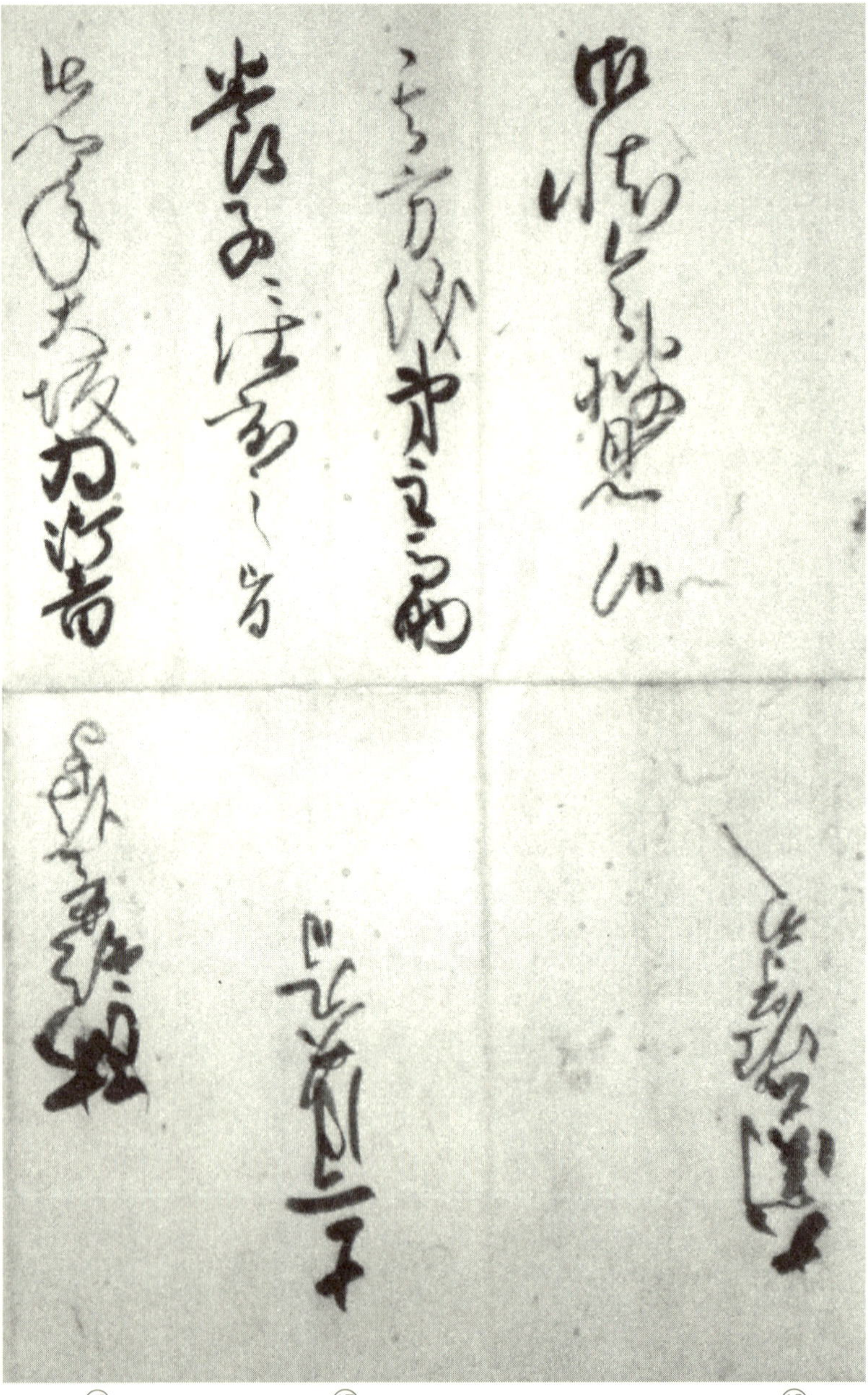

⑯　⑰　⑱

⑩ ⑨ ⑧ ⑦ ⑥ ⑤

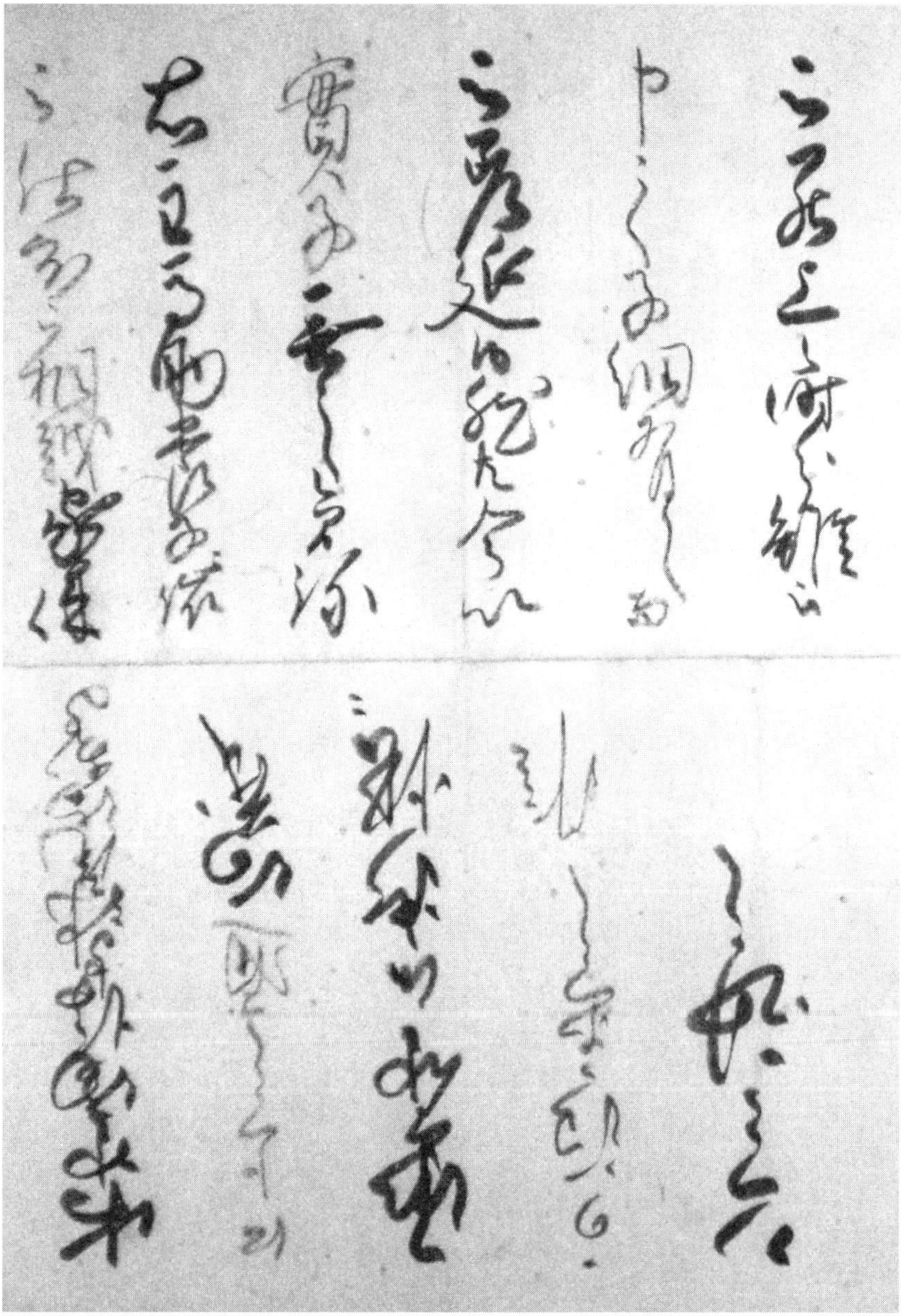

⑪ ⑫ ⑬ ⑭ ⑮

【あらすじ】 黒羽藩主大関増親《ますちか》が実子のないため弟主馬助《しゅめのすけ》を養子とすることについて、江戸幕府老中阿部忠秋が承認する文書を発給した。

①

解読文 **御状令二披見一候、**（ごじょうひけんせしめそうろう、）

現代語訳 （そなたからの）**お手紙を開き見ました。**

冒頭のは「**御状**《ごじょう》」で、二文字が連綿と書かれています。「**状**」とは手紙のことですが、「**御**」が付いているので、宛所《あてどころ》の人物（黒羽藩四代藩主大関増親《ますちか》、一六三五―六二）からのお手紙ということになります。三字目は「**令**《しめ》」で、**返読文字**です。（𠆢《ひとがしら》）の下に点が一つなら「**今**（）」ですが、二つだと「**令**」となります。「**令**」は高校時代に習った古典文法では使役《しえき》の助動詞とされていますが、古文書に見える「**令**」には「～させる」というニュアンスはあまりないようです。自分側の言動に付けて、謙譲の意をもって使用される言葉です。その下のは（扌《てへん》）と、一画目の「ノ」が短い（皮）から構成される「**披**」で、は「儿《ひとあし》」の一画目の「ノ」が異常に長く書かれていますが「**見**」です。「**披見**《ひけん》」とは手紙などを開き見ることです。そして行末のは「**候**《そうろう》」の典型的なくずしですので、ここまでの四文字で、「**披見**《ひけん》**せしめ候**《そうろう》」と読みます。ここで最初の一文が終わっており、現代文なら句点（。）が付けられるところです。

②

解読文 其方儀、弟主馬助（そのほうのぎ、おとうとしゅめのすけ）

現代語訳 そなたのことについて、弟主馬助を

は典型的な「其《その》」のくずしで、点のあとの横線に続き、縦線が二度「く」の字形に曲り、次の（方）に続いていています。二文字で「其方《そのほう》」となり、「そなた」とも読みます。「其方」という言葉は中世では丁寧な言い方で、同等あるいは目下の者に対し親愛とごく軽い敬意を表わしましたが、近世になると敬意が失われ、対等もしくは目下の者に対して用いられました。対語はで「此方」と書いて「このほう・こなた」と読みます。さて、三字目のは（亻《にんべん》）と（義）から構成される「儀《ぎ》」で、「の」を補って読み、「〜のこと」「〜に関して」という意味で使われます。四字目のは「弟」ですが、「第」という字もくずすと全く同じような字体になりますので、注意が必要です。前後関係から判断してください。次のは、「王」の典型的なくずし字の上に点が付いているので「主」です。その下のは「馬」。楷書体の輪郭を生かす形でくずされており、最後の「灬《れっか》《れんが》」は筆が小さくまわった形になっています。よく見る典型的なくずし字体です。類似文字に（高）がありますが（上に点があるかないか）、これと一緒に覚えてしまいましょう。行末（助）にかけての三文字で「主馬助《しゅめのすけ》」となり、黒羽藩四代藩主大関増親の弟で、実名《じつみょう》を増栄《ますなが》（一六三九―八八）といいます。ちなみに、「主馬助」とは古代律令国家においては、馬の飼養などの管理にあたった主馬寮という官司の次官といった意味の役職でしたが、中世

以降、本来の意味を喪失しながら、武士に名乗られていったのです。

③

解読文 **養子ニ仕度之旨、**（ようしにつかまつりたきのむね、）

現代語訳 養子にしたいということを、

冒頭のは「養」です。下側は「良」という字のくずしで、この字がさらにくずされると平仮名の「ら」になります。パッと見た時に「養」と読めなくても、古文書に少し慣れた方なら、その下の（子）との続き具合から「養子《ようし》」と読める方も多いのではないでしょうか。その右下に小さく片仮名の「ニ」があります。次のは「仕《つかまつり》」で、「する、行う」の謙譲語です。それに続くは「度」で、終止形（言い切りの形）では「たし」と読み、願望の助動詞です。したがって、「養子《ようし》に仕《つかまつ》り度《たし》」で弟の主馬助を「養子にしたい」という意になります。次のは「之《の》」で、行末のは「旨《むね》」なので、ここまでの四文字で「仕《つかまつ》りたきの旨《むね》」と読みます。

④

解読文 **先年大坂為㆓御番㆒**（せんねんおおさかごばんのため）

現代語訳 先年（そなたが）大坂加番をつとめるため

冒頭のは「先年《せんねん》」。(年)の筆の運びは、まず右上から左下に小さく斜めに入ったあと、右側を曲線を描きながら縦に下りて、そのまま左側を楕円を描くように上り、短い横線が三本連綿と書かれます。この最後の短い横三本線が「年」のくずし字体の特徴です。この部分が二本線でのように書かれますと「手」となりますが、場合によっては「年」も同様にくずされますので、注意が必要ではあります。字体とともに、常に意味を合わせ考える必要があるのです。次のは「大坂」です。結構読みやすいですね。現代では「大阪」と書かれますが、近世では「大坂」が一般的で、「大阪」の表記に統一されたのは明治以降です。その下のは「為」で、中世文書や近世文書に頻出する言葉です。ここでは「ため」と読みますが、そのほか「なす」「として」「たり」「させ」など、種々の読み方があり、下の字から返って読む**返読文字**です。すなわち行末の(御番《ごばん》)から返って読むのですが、「**大坂為㆓御番㆒**」で「**大坂御番《おおさかごばん》のため**」と読み、ここでは大坂加番《かばん》を意味しています。大坂加番とは江戸幕府の職名の一つで、定員四名で大坂城の警衛にあたり、定番《じょうばん》の加勢として五万石以下の小大名が一年交替でつとめました。黒羽藩主大関氏は近世を通じて、大坂加番を十四回つとめており、大関増親は明暦元年(一六五五)及び万治元年(一六五八)から翌二年にかけてつとめました。

⑤

解読文 **被㆓罷上㆒候時分、雖㆑被㆑**(まかりのぼられそうろうじぶん、〈これをもうさ〉るといえども、)

現代語訳 (大坂に)来られました時分に、(弟主馬助を養子としたいということについて要望さ)れておりま

したけれども、

は平仮名の「ら」のように見えますが、「被《れ》」という尊敬の助動詞で、**返読文字**です。頻繁に使われる字ほど極端にくずされるのです。二字目のは「能」の典型的なくずし字の上に「罒《あみがしら》」を意味するがありますので、「**罷**《まかり》」となります。次の（上）とで熟語となり、そこから上に返って、「**罷**《まか》**り上**《のぼ》**られ**」と読みます。「**罷上**」という謙譲語に尊敬の助動詞「被」を付けたところに、この手紙の差出者である江戸幕府老中と受け取る側の一大名との微妙な身分関係が見えるような気がします。四字目のは、筆が上から下へ引かれ、そして右下から左へと撥ねる形の記号のような字ですが、これは「候《そうろう》」なのです。これも、頻出語ほど大幅にくずされるという典型例です。「候」とあればそこで一文が終わることも多いのですが、ここでは直後の体言（名詞）に続く書き方となっています。次のは（日《ひへん》）と（寸）から構成される「时」という字ですが、これは「時」の**異体字**です。通常、異体字を翻刻する際には、常用漢字等の現在通用している字に直して表記します。その下のは「分」の典型的なくずしで、楷書体で書く場合（全四画）の二画目が最後に書かれます。ここまでの六字は「**罷**《まか》**り上**《のぼ》**られ 候**《そうろう》 **時分**《じぶん》」と続けて読むのです。次のは（口）と（虫）と（隹）からなる「**雖**《いえども》」で、**返読文字**です。行末は「**被**《る》」で、一字目と似た字体です。やはり下（次行）から返って読みます。

⑥

解読文　（雖レ被レ）申レ之、子細有レ之而、
（これをもうさ〈るといえども〉、しさいこれありて、）

現代語訳 弟主馬助を養子としたいということについて要望さ（れておりましたけれども、）事情があって、

は「申」の典型的なくずしで、楷書体の左側を略し、平仮名の「つ」のような字を書いてから縦線を引いています。次の（之《これ》）から、⑤の下から二字目まで返って、「これを申さると雖《いえど》も」と読みます。「之（これ）」とは、②～③の「弟主馬助養子ニ仕度之旨《つかまつりたきのむね》」を指しています。次のは「子細《しさい》」で、（細）の偏は、筆が平仮名の「く」の字に二回下り、さらに縦に下りて、右側（旁）へ向けて撥ねる形の典型的な「糸《いとへん》」です。「子細」は「差支えとなる事情」といった意味の言葉です。それに続くは「有《あり》」で、「月」の部分がくずされていますが、楷書体の筆順通りの筆の運びとなっています。返読文字なので、すぐ下の（之《これ》）から返って読むのですが、行末のが「而《て》」ですので、ここまでの三文字で「これ有《あ》りて」と読みます。「之《これ》」とは直前の「子細」のことですが、文の調子を整えるための言葉でもあります。「有」や「無」は、多くの場合、直後に「之」や「御座」などの言葉を伴って、「これ有り（無し）」・「御座有り（無し）」と読まれるのです。

⑦ 

解読文 被二差延一候、然共今以（さしのばされそうろう、しかれども　いまもって）

現代語訳 延期されていたところです。しかし今もって

は⑤の一字目と同じ「被《れ》」で、すぐ下の（差延）から返り「差《さ》し延《の》ばされ」と読みます。「差《さし》」は、動詞の上に付いて、その意味を強め、あるいは語調を整える接頭語です。接頭語には他に「相」

「打」などがあります。四字目のは①行末と同様「候《そうろう》」で、ここで一つの文が終わっています。次のは「然」で、筆の運びは、まず楷書体の左上部分がくずされ、続いて右上の「犬」の内の「大」がくずされ、下の「灬《れっか・れんが》」が横線のような形にくずされた後に、「犬」の右上の点が打たれています。続く（共）と熟語で「然共《しかれども》」と読み、逆接のニュアンスとなります。行末のは「今以《いまもって》」です。（以）は典型的なくずし字体なので、覚えるようにしましょう。

⑧

解読文　**実子無レ之候間、弥**（じっしこれなくそうろうあいだ、いよいよ）

現代語訳　**（そなたに）実子がいませんので、いよいよ**

冒頭のは「実子《じっし》」です。（実）は旧字体で「實」と書かれていますが、ここでは新字体（常用漢字）で表記しました。三字目のは「無」の典型的なくずしで、まず漢数字の「三」を書き、三本目の最も長い横線を挟んで、上から下へ二本の短い横線を連綿と引いています（上の短い横線は「三」の三本目の横線と重なっています）。すぐ下の（之《これ》）から返って「これ無《な》く」と読みます。次のは一文字のようにも見えますが、⑤の四字目と同じ字体の「候」と、「間」が続けて書かれているのです。（間）の上半分は「門《もんがまえ》」で、平仮名の「つ」のようにくずされるのが特徴です。それに続くが「日」となります。古文書において「間」は、「候間」と使われることが多く、理由を表す言葉で、「～なので」という意味です。行末のは（弓《ゆみへん》）と（尓）から構成される「弥」で、「いよいよ」と読みます。他に「いよいよ」と読む、書状に頻出する文字には「愈・愈々」があります。

⑨

解読文　**右主馬助養子ニ依二**　（みぎしゅめのすけようしに〈つかまつられたきに〉より、）

現代語訳　**前記主馬助を養子と（されたいということに）よって、**

冒頭のは「右」です。現在、小学校で習う楷書体の筆順は、一画目が「ノ」で二画目が「一」ですが、それとは筆の運びが異なり、「一」から「ノ」に続いています。古文書においては、こうしたことはよくあることです。

（主馬助《しゅめのすけ》）はすでに②に出てきましたね。次の（養子）も③に出てきました。その右下に小さく（二）とあるのを見落とさないでください。行末のは（亻《にんべん》）と（衣）からなる「依《より》」で、返読文字なので、⑩に進みましょう。

⑩

解読文　**被レ仕度一、被レ相二越家来一候、**　（つかまつられたきに〈より〉、けらいをあいこされそうろう、）

現代語訳　**されたいということに（よって）、家来を派遣いただきました。**

は⑤・⑦一字目と同じく助動詞の「被《れ》」で、その下の（仕）から返って「仕《つかまつ》られ」とひとまず読みます。三字目は③の五字目と同じく「度《たき》」です。⑨行末からここまでの四文字で、「仕《つかまつ》

られたきに依《よ》り」と読みます。四字目も「**被《れ》**」で、本史料のなかですでに五回目の登場です。頻出語ゆえ、このように極端にくずされるのです。五字目のは接頭語の「**相《あい》**」、その下のは（走《そうにょう》）と（戉）から構成される「**越**」で、この二文字の熟語から上に返って「**相越《あいこ》され**」となります。次のは、上の横線が平仮名の「つ」のように回って、その横線を貫く形の縦線に続くのが特徴的な「宀《うかんむり》」を持つ「**家**」です。は上の横線に続き、長い縦線が書かれ、筆が左上に上がった後、平仮名の「く」のような形が二回続く「**来**」の典型的なくずし字体で、「**家来《けらい》**」という熟語になります。「**来**」の左のは、記号のような「**候**」なので、「**被レ相二越家来一候**」は「**家来《けらい》を相越《あいこ》され候《そうろう》**」と読むのです。

なお、本史料の形態は、料紙を横長にして上下二つに折って用いるもので、古文書学の定義では**折《おり》紙《がみ》**と呼称されています。折紙に本文等を筆記する場合は、上下二つに折った折り目を下にした状態で、上半部に書きます。本史料の場合、①～⑩に相当します。ここで書ききった時には、下半部は空白にしておくのですが、上半部のみでは用件を書ききることができなかった時には、上下二つに折った状態で料紙を左右に百八十度回転させ、右端からまた続きを書いていくのです（本史料では⑪～⑱）。そういう訳で、形態が折紙の古文書を開くと、上半部は文字が上から下に書かれ、下半部は逆さに下から上に向かって字が書かれているようになっているのです。

⑪ 

解読文 **水野備後守・神尾備前守**（みずのびんごのかみ・かんおびぜんのかみ）

現代語訳 水野備後守元綱と神尾備前守元勝から

は「水野《みずの》」で、(野)は異体字「埜」がくずされています。三字目と八字目は「備」の典型的なくずしです。「亻《にんべん》」のあと、旁の輪郭が生かされるような感じに上から右側にかけて筆が走り、最後に「用」の内側の縦線・横線が連綿と書かれています。四字目のは「後」です。「彳《ぎょうにんべん》」はしばしばこのように、「氵《さんずい》」のような感じに筆が入ったあと、旁が上から下へ連綿とくずされてから、最後に偏の中程に点が打たれるという形に書かれます。五字目と行末は典型的な「守《かみ》」のくずしです。下から二字目のは「前」です。「水野備後守《びんごのかみ》」の実名《じつみょう》は元綱で、水野元綱（一五九四―一六六五）は上野国《こうずけ》安中《あんなか》二万石の大名で、江戸幕府の奏者番をつとめていましたが、万治二年（一六五九）三月にはそのつとめを辞し、寛文四年（一六六四）十月、致仕《ちし》(隠居)しました。「神尾備前守《かんおびぜんのかみ》」元勝（一五八九―一六六七）は千八百石の旗本で、町奉行などをつとめていましたが、寛文元年（一六六一）三月には辞職し、翌年十二月に致仕しました。ちなみに、「備後守」や「備前守」の「守」とは、古代においては各国を統治する国司《こくし》（守《かみ》・介《すけ》・掾《じょう》・目《さかん》の四等官）のトップを意味していましたが、中世以降の武家の世の中では、国司制度も廃れ、守以下の役職も実態は喪失されていました。それでも、中近世の武家では、権威を誇示する目的もあって、このような**受領名**《ずりょうめい》を名乗っていたのです。

⑫

解読文 **口上之通、何茂**（こうじょうのとおり、いずれも）

現代語訳 口頭で説明を受けましたとおり、（養子の件については）全て

は「口」ですが、⑨一字目「右」の「口」の部分が平仮名の「つ」のように書かれているのと比べれば、楷書体に近いですね。二字目の（上）と熟語で「口上《こうじょう》」となり、口頭で述べることです。次のは「之通《のとおり》」。下から二字目のは（亻《にんべん》）と（可）から構成される「何」で、行末のは「茂」を字母とする変体仮名「も」です。「何茂」は「いずれも」と読みます。

⑬

解読文 承届候、御帳ニ（うけたまわりとどけそうろう、おんちょうに）

現代語訳 承知しました。幕府の家督相続関係記録に

冒頭のは「承」です。楷書体の一・二画目（了）に続いて、左側の六画目を書いたあと、三～五画目（真ん中の横三本線）を略しながらくずして、右側の七・八画目に続けています。「承《うけたまわり》…」という形で動詞に続き、「聞き…」という意味の謙譲語となります。すなわち二字目のは（尸《しかばね》）と（由）からなる「届」ですので、この二文字で「承届《うけたまわりとどけ》」となり、「聞き届ける、申し出を聞いて許す、聞いて承知する」といった意味になるのです。また「うけとどけ」とも読みますのでこれも覚えておきましょう。三字目のは「候《そうろう》」で、ここで一文が終わります。次のは④の下から二字目と同じ「御」で、その下のは（巾《はばへん》）と（長）から構成される「帳」です。「御帳《おんちょう》」とは幕府で管理している大名家などの家督相続関係記録と考えられます。その右下に小さく（二）があります。

⑭

解読文 可レ注二置之一候、（これをちゅうしおくべくそうろう、）

現代語訳 このことを記載しておきます。

冒頭のは点の下に平仮名の「の」みたいな字が書かれていますが、「可」の典型的なくずしです。古文書で「可」という字が出てきたら、ほとんどの場合、下の字から返って読み（返読文字）、終止形（言い切りの形）では「べし」と読みます。二字目のは「氵《さんずい》」と「主」からなる「注」で、三字目のは「直」の典型的なくずし字体の上に、「罒《あみがしら》」をくずした形のが書かれているので、「置」となるのです。この二文字から上の「可」に返るのですが、「その下に（之）があり、行末のは「候」ですので、「可レ注二置之一候」は「これを注《ちゅう》し置《お》くべく候《そうろう》」と読みます。

⑮

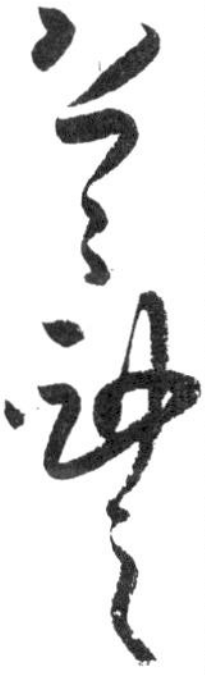

解読文 恐々謹言、（きょうきょうきんげん、）

現代語訳 恐れかしこまりつつしんで申し上げました。

この行は書止文言《かきとめもんごん》の一つで、「恐々謹言《きょうきょうきんげん》」です。「恐」を大きくくずしたに続くは踊り字「々」です。三字目（謹）の旁は大きくくずされていますが、偏は二画目の横線が切れているものの典型的な「言《ごんべん》」です。四字目は「言」。この字だけを見れば、「之」のように書かれていますが、勿論「之」では意味をなしません。書状のような様式で本文の最後に据えられる定型の書止文言《かきとめもんごん》ですので、大きくくずされていても、字の候補はかなり絞られます。

⑯ 

解読文　**阿部豊後守**（あべぶんごのかみ）

この行は、本史料の差出者の署名です。は（阝《こざとへん》）と（可）から構成される「阿」で、旁は⑭一字目の字体に通じます。二字目は「部」で、旁のは典型的な「阝《おおざと》」のくずしですので、覚えましょう。で「阿部《あべ》」です。三字目以降は受領名《ずりょうめい》で、四字目は⑪四字目と同一の字体なので「後」、五字目は⑪五字目及び行末と同じ「守」です。「…後」という国名は、かなり限られますね。三字目はこの文字単独で読むと、かなり古文書に慣れた方でないと読めないかと思いますが、全体で「豊後守《ぶんごのかみ》」と判読できるのではないでしょうか。「阿部豊後守」の実名《じつみょう》は忠秋《ただあき》です。阿部忠秋（一六〇二―七五）は江戸幕府三代将軍徳川家光に小姓《こしょう》として仕え、寛永十年（一六三三）三月二十三日、松平信綱《のぶつな》らとともに六人衆（若年寄）となり、幕政に参加することになりました。さらに同年五月五日、信綱とともに宿老並（老中）となり、老中には寛文六年（一六六六）三月二十九日まで就任していました。また、寛永十二年（一六三五）には下野国《しもつけ》壬生《みぶ》藩主（二万五千石）となり、同十六年、武蔵国《むさし》忍《おし》藩主（五万石）となって、後に八万石に加増されています。本史料は阿部忠秋が老中としての立場で発給したものです。

⑰

解読文 **十二月廿九日**（じゅうにがつにじゅうくにち）

この行は本史料の日付です。は「十二月」で、読みやすいですね。四字目のは「廿《にじゅう》」なので、三文字で「廿九日《にじゅうくにち》」となります。書状のような様式の**江戸幕府老中奉書**には年号は記載されず、月日のみとなりますが、本史料は記載内容から寛文元年（一六六一）に年次比定することができます（詳細については「解説」を参照願います）。

⑱

解読文 **大関土佐守殿**（おおぜきとさのかみどの）

この行は本史料の**宛所**《あてどころ》で、は「**大関**《おおぜき》」、は「**土佐守**《とさのかみ》」です。四字目の（佐）は（亻《にんべん》）と（左）から構成されていますが、「右」という字の「口」部分が平仮名の「つ」のように右側に伸びて書かれるのに対し、「左」は同じ部分が縦に長くなるのが特徴といえます。「**大関土佐守**」の**実名**《じつみょう》は増親《ますちか》で、大関増親（一六三五―六二）は黒羽藩四代藩主です。

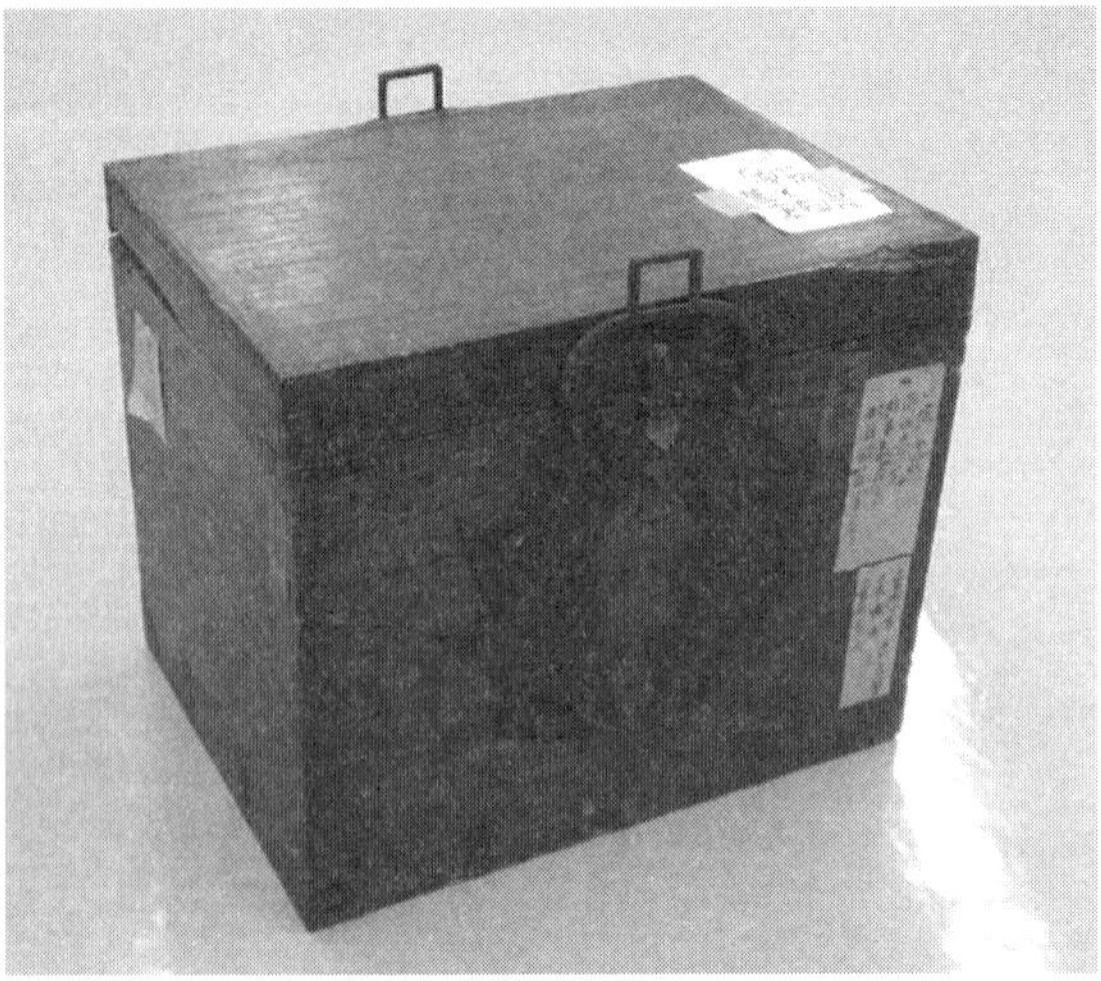

中世以来伝存してきた古文書など（第４章２を含む）が収納されていた「御朱印箱」

解説

本史料には**包紙**があり、「阿部豊後守御書翰、土佐守様御弟主馬助様御儀御養子ニ御願之御指令書壱通」との**上書**《うわがき》があります。すなわち本史料は、①に見える黒羽藩四代藩主大関土佐守増親《ますちか》からの「御状」（お手紙）に対する老中阿部豊後守忠秋の**老中奉書**による「御指令」ということができます。④の「先年」とは、万治元年（一六五八）ないし翌二年のことと考えられ、このとき大関増親が大坂加番をつとめた際、幕府は増親から弟主馬助《しゅめのすけ》（増栄《ますなが》、一六三九—八八）を養子としたい旨の要望を受けながらも、事情により判断が延期となっていたのですが、今もって増親に実子がいないため、大関氏側から主馬助を養子にしたいとの要望が改めて出されたのです。そのために派遣された大関氏家来から水野備後守元綱及び神尾備前守元勝を介して請願を受けた老中阿部忠秋が、大関氏側の要望を承認したことがわかります。請願の仲介者となった水野元綱《もとつな》の父分長《わけなが》は、『寛政重修《ちょうしゅう》諸家譜』巻第三百三十五によると、別家の水野重央《しげなか》の兄にあたる人物で、重央の娘は黒羽藩二代藩主大関政増《まさます》（増親の祖父）の正室（シャン姫、長松院、一五九三—一六六二）となっていました。つまり、大関政増の正室と水野元綱とはいとこの関係にあったことが判明するのです。大関氏側から水野元綱・神尾元勝の二名を介して幕府に請願を行ったことの背景には、水野氏に認められるような大関氏との私的な関係も想定することができるのではないでしょうか。黒羽藩十一代藩主大関増業《ますなり》が編纂した『創垂可継《そうすいかけい》』（「大関家文書」）という叢書に含まれる『多治比《たじひ》系伝』（大関氏の家譜）の巻五「増栄之伝《ますなが》」には、寛文二年（一六六二）春、兄増親が大病となり、増栄が兄の養子となったことが記されています。本老中奉書は、その前提と考えられますので、寛文元年（一六六一）に年次比定することができるでしょう。増栄は寛文二年七月二十三日に家督を相続し、黒羽藩五代藩主となっています。

江戸幕府による家督相続の許可については、近世初期には口頭で伝達されていましたが、元禄期（一六八八―一七〇四）頃からは、日付や差出者が文面に記されない**老中申渡書《もうしわたししょ》**という文書《もんじょ》形式で伝達されるようになります。**老中申渡書**は、**老中奉書**の簡略化したものですが、口頭伝達の文書化という性格も有しています。いずれにしても、寛文元年段階で大関氏は、幕府の意思伝達を媒介する最も重要かつ基本的な文書としての**老中奉書**によって、家督相続を許可されたことがわかります。大関家では、同家の家紋を施した二つの桐製の挟箱《はさみばこ》を「御朱印箱《ごしゅいんばこ》」として仕立て、**領知朱印状**（第4章1など）・**領知目録**等、江戸幕府将軍との関係によって授受された文書を中心として、朝廷関係文書や中世以来伝存してきた古文書等を収納しており、毎年これら「御朱印箱」内の重要文書の虫干し作業を実施していました。今回取り上げた老中奉書も、この「御朱印箱」に収納されてきた文書の一つです。

【参考文献】

笠谷和比古『近世武家文書の研究』（法政大学出版局、一九九八年）
新井敦史『下野国黒羽藩主大関氏と史料保存―「大関家文書」の世界を覗く―』（随想舎、二〇〇七年）

3 関ヶ原合戦のあと——徳川秀忠書状

（慶長五年〈一六〇〇〉十月二十七日）

④ ③ ② ①

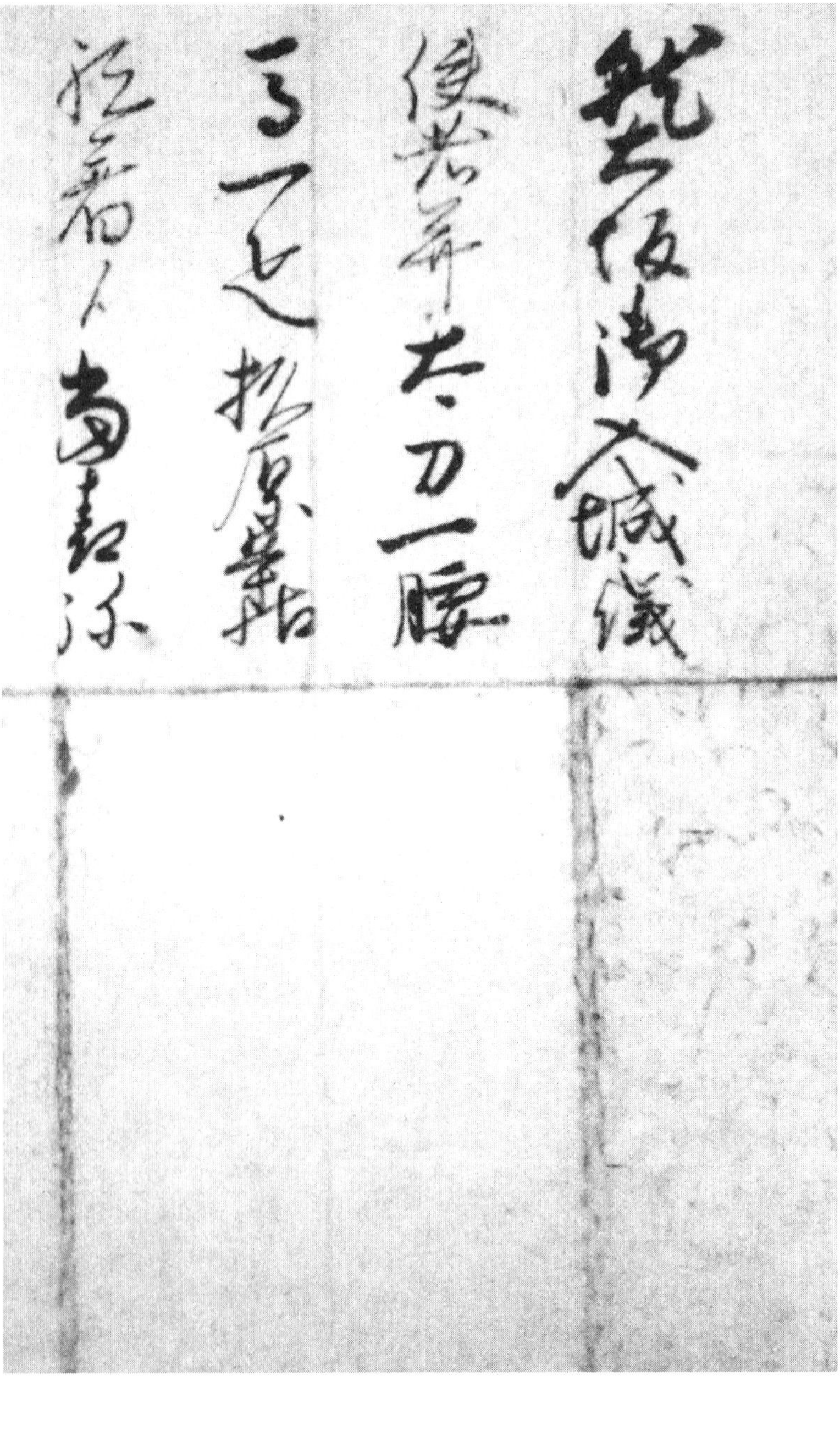

平塚と信州と三
人へ為念一段太儀之條
相援やるうちあれく
十月廿七 家康（花押）

古田兵部少輔殿

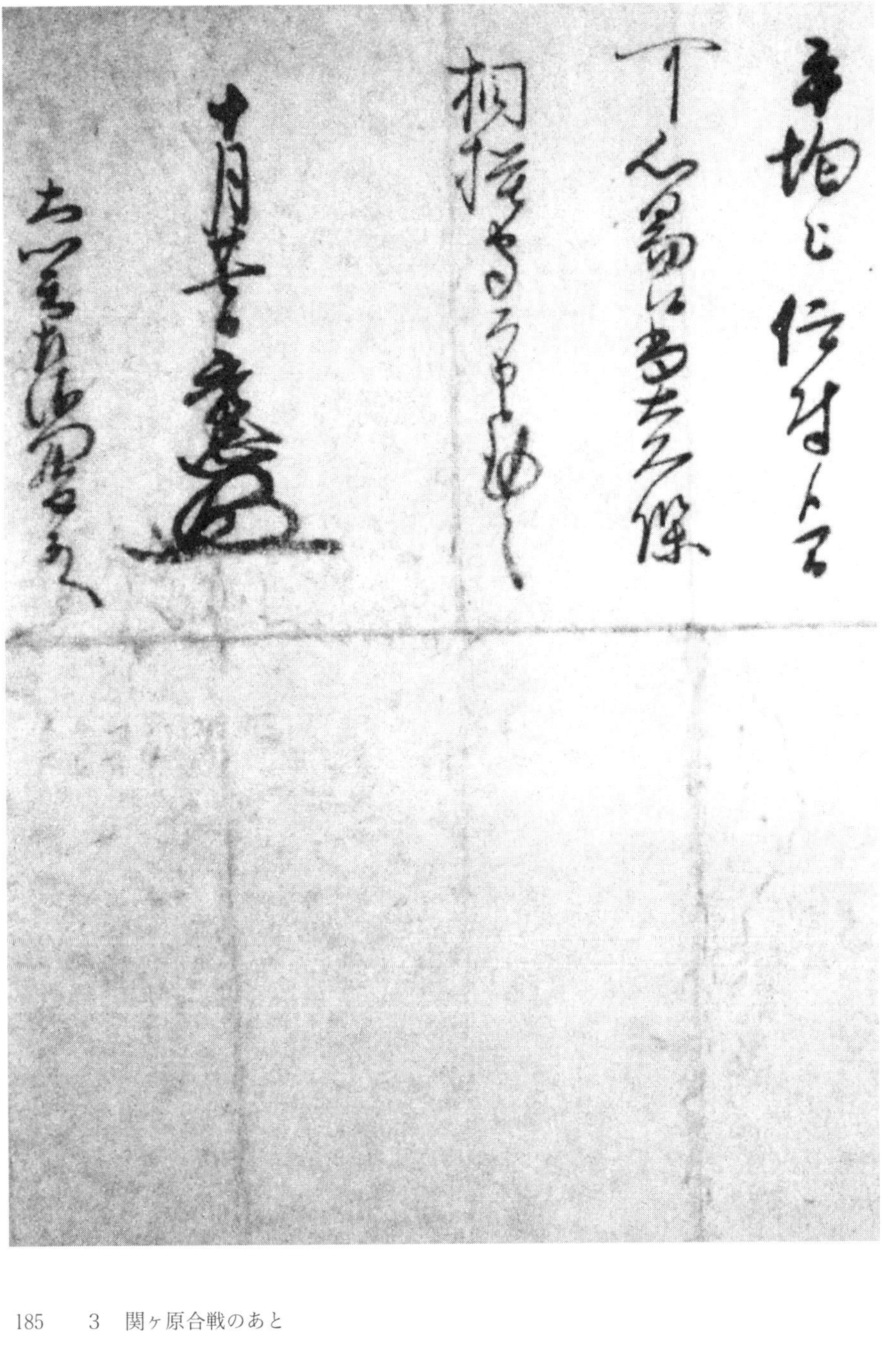

【あらすじ】徳川家康の大坂城入りを祝す使者を派遣した黒羽城主大関資増《すけます》に対して、徳川秀忠が返書を発給した。

①

解読文 **就二大坂御入城之儀一、**（おおさかごにゅうじょうのぎにつき、）

現代語訳 **（徳川家康の）大坂城への御入城のことについて、**

は（京）と（尤）から構成されている「**就**《つき》」で、下から返って「**〜につき**」と「に」を補って読みます。その下のは「**大坂**」で、豊臣秀吉が天正十一年（一五八三）九月〜同十三年四月の第一期工事で本丸部分を築造し、天正十四年二月〜同十五年十二月の第二期工事で二の丸部分を築造した大坂城のことです。同城はこのあと、文禄三年（一五九四）からの第三期工事で惣構《そうがまえ》が築造され、慶長三年（一五九八）から秀吉死後の翌四年にかけての第四期工事で三の丸の工事が行われており、その結果、難攻不落の大坂城となったのです。慶長四年（一五九九）九月二十七日、豊臣政権五大老の筆頭徳川家康はこの大坂城西の丸に入っていました。そして翌慶長五年（一六〇〇）六月十六日、家康は上杉景勝打倒のため、会津攻めの総大将として大坂城を発《た》ちました。

四字目からのはその後の展開を示す言葉で、「**御入城**《ごにゅうじょう》」です。すなわち家康は、同年七月二十五日の小山評定《おやまひょうじょう》によって会津攻めを中止し、石田三成ら西軍と雌雄を決することにして、九月

十五日、美濃関ヶ原における東西両軍合わせて十五万人以上という大軍が激突した天下分け目の大合戦に勝利を収め、九月二十七日、再び大坂城西の丸に入り、豊臣秀頼に拝謁したのです。このとき家康三男の秀忠は二の丸に入っています。「**御入城**」はこの慶長五年九月二十七日のそれを指しています。行末の は「**之儀**《のぎ》」です。「**儀**」は、「〜のこと、〜に関して」という意味で使われます。この行はここから上に返って、「**大坂御入城**《おおさかごにゅうじょう》**の儀**《ぎ》**に就**《つ》**き**」と読みます。

②

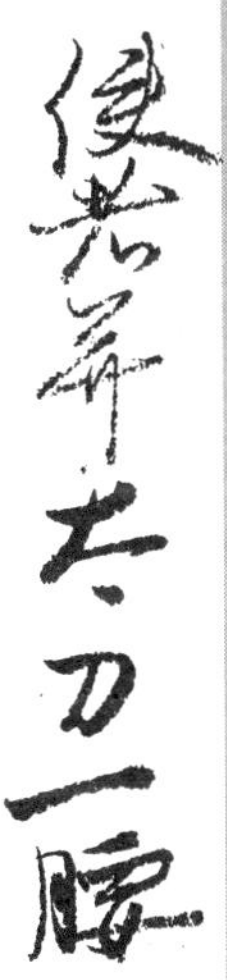

解読文 **使者并太刀一腰・**（ししゃならびにたちひとこし・）

現代語訳 （そなたが）使者（を当方へ派遣し、）また（その使者に託して）太刀一腰・

冒頭の は「**使者**《ししゃ》」です。（使）の旁は楷書体「吏」の一画目〜四画目がくずされて、横三本線になっています。（者）の「日」の部分は筆が縦に入ったあと、平仮名の「つ」のように書かれます。黒羽城主大関資増《すけます》（一五七六―一六〇七）が徳川家康の大坂城への入城を祝う使者を大坂に派遣していたことがわかります。三字目の は「**并**《ならびに》」で、「また、および」という意味です。次の は「**太刀**《たち》」。 は「**一腰**《ひとこし》」で、「**腰**」は太刀のように佩《は》く（腰に帯びる）ものを数えるのに用いられます。

③

解読文 馬一疋・杉原五十帖、（うまいっぴき・すいばらごじゅうじょう、）

現代語訳 馬一疋・杉原五十帖（を当方へ贈ってきたことについて）、

は「馬」です。楷書体の輪郭を生かすような形でくずされています。は「一疋《いっぴき》」です。（疋）の筆の運びは、上の短い横線から縦に真っ直ぐ下りて、楷書体の右側の横線、そして左から下にかけての部分に続いています。次のの偏は「扌《てへん》」に見えますが「木《きへん》」で、旁は「久」ですので、「枚」となります。これは「杉」の異体字なので、「杉」と表記しました。その下の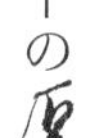（原）と熟語で「杉《すい》原《ばら》」となり、杉原紙《すいばらがみ》ともいって、楮《こうぞ》を原料とする和紙です。

「杉原」は檀紙《だんし》・引合《ひきあわせ》と比べると、簀桁《すげた》にのせる紙料液が少なく、薄く漉きあがり、料紙の裏面に簀子目《すのこめ》が見えます。また、滲《にじ》みの少ない柔らかい紙に仕上げるため、填料《てんりょう》として米粉《こめこ》が混ぜられています。「杉原」は中世から近世にかけて、特に武家に好んで使用され、贈答品としても使われました。

行末のは「五十帖《ごじゅうじょう》」です。三文字が連綿とひとかたまりに書かれていますが、一文字がどこまでなのか凝視しましょう。「帖」は折本《おりほん》や屏風・楯・僧の袈裟などを数える語ですが、紙や海苔の一定の枚数を一まとめにして数える語でもあります。ただ、美濃紙は四十八枚、半紙は二十枚を一帖としていますが、杉原一帖が何枚なのかは不明です。いずれにしましても、②・③からは、大関氏から派遣された使者によって、太刀・馬・杉原が徳川氏のもとに届けられたことが判明します。

④

解読文 **祝著候、当表弥**（しゅうちゃくにそうろう、とうおもていよいよ）

現代語訳 喜び、満足に思っています。こちら方面ではいよいよ

は（礻《しめすへん》）と大きくくずされた（兄）から構成される「祝」で、二字目の（著）と熟語となって「祝著《しゅうちゃく》」となります。「祝著」（祝着）とは「喜びに思うこと、満足に思うこと」という意味です。三字目のは片仮名の「ト」を右斜めにしたような字ですが「候《そうろう》」です。ほとんど記号のようですが、「候」は大きくくずされてさまざまな字体となります。ここで一文が終わっています。次のは「當」がくずされていますが、新字体（常用漢字）は「当」です。次の（表）とともに「当表《とうおもて》」となり、「こちら方面」という意味になります。具体的には大坂を中心とした上方《かみがた》方面を指しています。行末のは（弓《ゆみへん》）と（尔）から構成される副詞の「弥《いよいよ》」です。

⑤ 

解読文 **平均被二仰付一候間、**（へいきんにおおせつけられそうろうあいだ、）

現代語訳 （徳川家康が）平和的に（戦後処理について）お命じになりましたので、

冒頭のは「平均《へいきん》」です。「平均」とは、もちろんここでは試験などの平均点というような意味ではなく、平和なこととか、平定することといったニュアンスの言葉です。「へいきん」だけでなく、「へいぎん」とも読まれていたようです。ここではそのあとに「に」を補って読んでみました。三字目のは片仮名の「ヒ」のように書かれていますが、これは尊敬の助動詞「被《られ》」で、返読文字です。「被」

は頻出語なので、このように極端にくずされます。その下のは(亻《にんべん》)と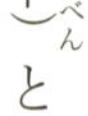(卬)から構成される「仰」で、は(亻《にんべん》)と(寸)からなる「付」ですので、二文字で「仰付《おおせつけ》」となり、ここから上に返って「仰《おお》せ付《つ》けられ」と読むのです。その主体は、関ヶ原合戦に勝利した徳川家康です。この頃、家康は戦後処理などに奔走していましたので、そうした動きを指す言葉と考えられます。行末のは「候間《あいだ》」です。(候)は④の三字目と同じですね。(間)は(門《もんがまえ》)と(日)から構成されています。「門《もんがまえ》」はこのように平仮名の「つ」のようにくずされるのです。「間《あいだ》」は「〜なので」という意味になります。

⑥ 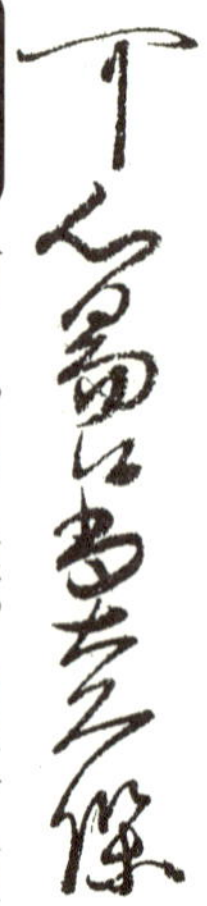

解読文 **可二心易一候、尚大久保**（こころやすかるべくそうろう、なお　おおくぼ）

現代語訳 安心するように。なお(詳細については)大久保

は命令の助動詞で返読文字の「可《べく》」です。その下のは「心易《こころやすし》」という形容詞で、「安心である」という意味になります。次のは④・⑤で見た字体よりも頻出で、典型的なくずし字体の「候《そうろう》」です。ここで一文が終わり、「可二心易一候」は「心易《こころやす》かるべく候《そうろう》」と読みます。次のは接続詞の「尚《なお》」です。書状本文の終わりの方でよく使われる言葉です。その下のは「大《おお》久保《くぼ》」で、(保)は(亻《にんべん》)と(口)・(木)から構成されています。

⑦

解読文　**相模守可レ申候、謹言、**（さがみのかみもうすべくそうろう、きんげん、）

現代語訳　相模守忠隣《ただちか》が申す（副状《そえじょう》を発給する）ことになるでしょう。つつしんで申し上げました。

冒頭のは「相」です。これは結構読みやすい字ですね。二字目の偏は「扌《てへん》」に見えますが「木《きへん》」です。旁も大きくくずされていますが「莫」で、「模」という字になります。二文字で「相模《さがみ》」という国名です。続くは、初めに平仮名の「つ」のように書かれる「冖《わかんむり》」を貫く形で筆が上下する「宀《うかんむり》」が特徴的な「守《かみ》」ですので、三文字で「相模守《さがみのかみ》」という受領名《ずりょうめい》となります。「大久保相模守」の実名《じつみょう》は忠隣《ただちか》です。大久保忠隣（一五五三―一六二八）は永禄六年（一五六三）から徳川家康の近習をつとめ、のち徳川秀忠に仕《つか》えました。文禄三年（一五九四）、家督を相続して、小田原藩主（六万五千石）となり、慶長五年（一六〇〇）七月には相模守に任官しています。忠隣は秀忠の年寄（老中）となりましたが、慶長十九年（一六一四）、突如改易《かいえき》となりました。

さて、四字目のですが、平仮名の「ろ」みたいに書かれています。これは⑥一字目とは大きく異なる字体ですが、同じく助動詞で返読文字の「可《べく》」なのです。ここでは確実な推量の意味となります。その下のは一文字に見えますが、「申」と「候」の二文字なのです。（申）は楷書体の左側を略す形にくずしており、その縦線の最後に少し筆に力が入って右側に小さく曲っている部分が「候」です。「可レ申候」で「申《もう》すべく候《そうろう》」と読みます。大久保忠隣が「申す」というのは、具体的には本史料（徳川秀忠書状）の副状《そえじょう》を発給することを意味するものと考えられます。「可レ申候」から筆が連綿と続く行末

のは、書止文言《かきとめもんごん》の「謹言《きんげん》」です。差出者から宛所《あてどころ》の人物に対する礼は、「恐々謹言《きょうきょうきんげん》」よりも「謹言」の方が薄くなります。ちなみに、「恐々謹言」よりも「恐惶謹言《きょうこうきんげん》」の方が厚礼となるのです。

⑧ 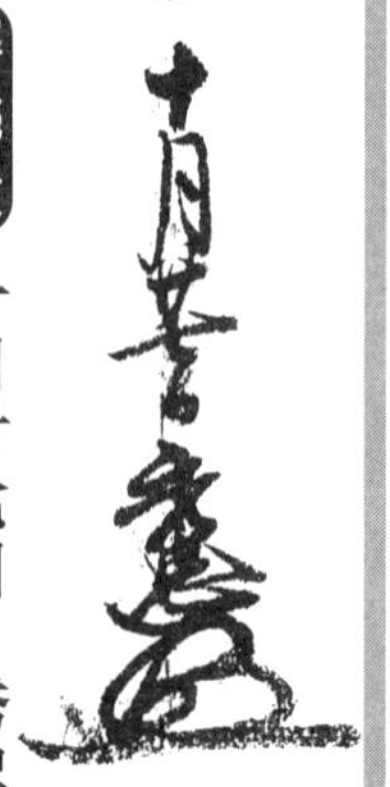

解読文　十月廿七日　秀忠（花押）　（じゅうがつにじゅうしちにち　ひでただ〔かおう〕）

この行は本史料の日付と差出者の署名となっています。は「十月」。これは読みやすいですね。次のは「廿《にじゅう》」、は「七」、は「日」ですので、三文字で「廿七日《にじゅうしちにち》」です。書状なので年号は記載されませんが、内容から慶長五年（一六〇〇）に年次比定することができます。日付の下のは「秀忠《ひでただ》」で、徳川秀忠（一五七九―一六三二）のことです。

秀忠は徳川家康の三男で、慶長五年七月二十五日の小山評定のあとも、兄（家康次男）の結城秀康とともにしばらく下野《しもつけ》宇都宮城にいましたが、八月二十四日、徳川譜代の主要武将を率いて宇都宮を出発し、中山道《なかせんどう》を西上しました。ところが、信濃《しなの》上田城での真田昌幸《まさゆき》との対戦が長引き、九月十五日の美濃《みの》関ヶ原での大戦には間に合わず、遅参するところとなりました。

「秀忠」という署名に続いて、彼の花押《かおう》が据えられています。花押とは署名の下に書く判のことで、書判《かきはん》ともいい、一人一人にオリジナルなものです。花押はその形態によって、いくつかのタイプに分かれます。一つ目は草名《そうみょう》で、自分の名を草書体で書いたものです。二つ目は二合体《にごうたい》です。これは名の二字の各一部分を組み合わせて草書体につくったものです。源頼朝の「頼」の「束」と「朝」の「月」とを合わせたものが有名です。三つ目は一字体です。これはある一字を選んでつくったもので、自分の名に関係があるかないかは問いません。足利義政が「慈」という字をもとにしてつくった花押などが有名です。四つ目は別用体で、名と関係のない別の形を利用したものです。伊達政宗の鶺鴒《せきれい》の花押などが有名です。そして五つ目が明朝体《みんちょうたい》です。これは中国明朝の字体式のもので、上下に線がある形となっています。徳川家康をはじめとして江戸時代の武家の大部分はこの形の花押を使用していました。秀忠のこの花押も明朝体です。本史料は「秀忠」という署名部分も含め、右筆《ゆうひつ》が記したものと思われますが、花押は秀忠本人が据えたものと考えられます。なお、古文書を筆耕《ひっこう》する（釈文《しゃくもん》を作成する）際、正文《しょうもん》（原本）に据えられた花押については、ただ「花押」と書くのではなく、（ ）を付けて「（花押）」と表記します。（ ）を付けずに「花押」と書いてしまうと、古文書の原本に「花押」という二文字が書いてあるという意味になってしまうからです。ただし、古文書の写が作成される際、花押の部分もそっくりの形に書き写される場合があり、そういう古文書の写を筆耕するときには、「（花押影）」と記します。

⑨ 

解読文　**大関左衛門督殿**（おおぜきさえもんのかみどの）

この行は本史料の宛所で、は「大関《おおぜき》」です。（関）のは「つ」や「ツ」のように書かれていますが、典型的な「門《もんがまえ》」のくずしなのです。次のは「左」。「右」という字の「口」の部分

が「つ」みたいに右側に伸びているのに対して、「左」は同じ部分が下に伸びるのが特徴となります。は「衛」ですが、名前に頻出の字ですので、極端なまでにくずされるのです。は二字目の部首同様、「つ」のように見えますが「門」です。も大きくくずされていますが、（叔）と（日のように書かれた目）から構成される「督《かみ》」です。この四文字で「左衛門督《さえもんのかみ》」という官途名《かんとめい》となります。行末のは「殿《どの》」で、宛所の人物に対する敬称です。「大関左衛門督」の実名《じつみょう》は資増《すけます》です。大関資増（一五七六―一六〇七）は近世大名大関氏の始祖となる黒羽城主大関高増《たかます》（一五二七―九八）の三男で、文禄四年（一五九五）、大関氏の家督を相続し、慶長五年（一六〇〇）段階では二十五歳でした。関ヶ原合戦に際して、資増は東軍（徳川方）に味方し、黒羽城に籠城して、会津の上杉景勝の南下に備えていました。

解説

本史料は、黒羽《くろばね》城主大関資増《すけます》が徳川家康の大坂入城を祝し、使者に託して太刀一腰・馬一疋・杉原《すいばら》五十帖を献じたことに対する（慶長五年（一六〇〇））十月二十七日付の徳川秀忠の返書で、上方方面での家康による平和的な統治が進められていることを伝える内容となっています。大久保忠隣《ただちか》から副《そえ》状《じょう》が発給されることも付記されています。

慶長五年九月十五日、美濃《みの》関ヶ原を舞台として、家康を中心とした東軍と石田三成ら西軍の間で、天下分け目の関ヶ原合戦が繰り広げられました。同合戦については、同年六月からの会津攻め以降の政治的・軍事的動向の一環として捉えることができ、大関資増ら那須衆も徳川方に味方をして、一定の働きをしていました。那須衆は、防備態勢を固めて主に会津の上杉軍を押さえることが徳川方から期待されており、その中核として位置付けられた城郭が、大田原《おおたわら》城（城主・大田原晴清《はるきよ》、七千百石）と黒羽城（城主・大関資増、一万三千石）でした。麓に奥州道中がのびる交通の要衝に位置する大田原城には、普請《ふしん》のために慶長五年六月の時点で、江戸から徳川譜代の石川重次・内藤忠清が奉行として派遣されています。さらに同時期、加勢として、皆川広照《ひろてる》（下野皆川、一万三千石）や同隆庸《たかつね》（広照の子息）・

黒羽城本丸跡（現黒羽城址公園）

服部半蔵正就《まさなり》（五千石、伊賀同心の頭《かしら》）が派遣され、七月末にも那須資景《すけかげ》・福原資保《ふくわらすけやす》・伊王野資友《いおうのすけとも》・岡本義保《よしやす》・大田原増清《ますきよ》（晴清の弟）ら那須衆が遣わされています。下野《しもつけ》北部では最大規模の山城となる黒羽城に対しても、六月の時点で、榊原康政（上野館林、十万石）の家臣伊奈主水《もんど》が奉行として派遣されて、普請が実施されました。徳川方から同城に送り込まれた加勢としては、岡部長盛（下総山崎、一万二千石）が本丸に、服部保英（下総国内三百石、服部正就の従兄弟）が二の丸にそれぞれ入り、千本義貞（那須衆）は城主大関資増とともに三の丸に入りました。そして那須衆の面々は、徳川方からの求めに応じ、当主の母や甥、重臣の妻・娘などを人質として江戸城に差し出し、徳川氏に忠誠を誓ったのです。また、黒羽城には服部氏に率いられた伊賀者が入城しており、白河方面に向けた密偵活動が展開されました。城主大関資増も、北方で上杉氏と交戦する伊達氏と連携をとることに努め、さらに重臣松本惣左衛門を上方に派遣して、情報収集にあたらせました。

関ヶ原合戦の本戦は、①岐阜城攻略戦（八月二十一日〜同二十三日）、②赤坂・大垣対峙戦（八月二十四日〜九月十四日）、③関ヶ原大戦（九月十五日）からなり、東軍（徳川方）の勝利となりますが、③と同時期の九月十四日から翌日にかけて、白河近くの関山《せきさん》及びその周辺において伊王野資信《すけのぶ》（伊王野城主、那須衆）と上杉軍の一派との間で戦闘となりました。大田原・黒羽両城では後詰《ごづめ》の手配が行われましたが、戦闘は拡大せず、伊王野軍は多大な犠牲を払いながらも上杉軍一派を撃退したといいます。この関山合戦の後も那須衆は防備態勢を続け、翌慶長六年（一六〇一）五月段階でも、黒羽城には徳川軍による関山ないし白河方面へのあらためての軍事行動が予告されていました。同年七月、上杉景勝は上洛し、家康への謝罪に至りますが、それによって同月、那須地域の武装も解かれるところとなったのです。

話が前後しますが、慶長五年九月二十七日、大坂城に入って豊臣秀頼に謁した徳川家康は、同城西の丸を本拠として諸将に対する論功行賞を逐次発表していきました。こうした状況下、那須資景・伊王野資信・福原資保・岡本義保は大久保忠隣宛てに書状を送って、奥州との「境目」の無事を報じ、徳川秀忠書状（十月十二日付）を受けました。大関資増も忠隣宛てに書状を送付し、忠隣から前記秀忠書状とほぼ同内容の返書（十月二十三日付）を受けており、家康に近侍する永井直勝《なおかつ》・本多正純《まさずみ》、さらには徳川秀忠に書状を送り、それぞれ返書（十月二十四日付・同二十七日付・同日付）を受けています。今回取り上げた史料は、いまだ上杉軍への防備態勢を解けない状況下で、大関氏が徳川氏と交信して入手した書状ということができます。

家康による論功行賞の一環で那須衆も加増され、大関資増は一万九千二百石となって、近世大名としての地歩を確立しました（石高はのちに一万八千石に確定します）。大関家では、**領知朱印状・領知目録**及び歴代将軍の**御内書**《ごないしょ》といった将軍との関係によって授受された文書や朝廷関係文書（叙任関係文書）などを「御朱印箱《ごしゅいんばこ》」と呼ばれる同家家紋入りの桐製の挟箱《はさみばこ》に収納しており、本史料も**御内書**の一点目として認識されて、この「御朱印箱」に収納されていました。特に本史料については、直接、漆塗りの小さな木箱に入れて保管し、それを「御朱印箱」に収納していたのです。なお、大関家では同様な「御朱印箱」をもう一つ仕立て、こちらには慶長五年から翌年にかけて徳川方諸将より受給した書状の数々や戦国期文書《もんじょ》その他（第4章2を含む）が収納されました。そして同家では、この二つの「御朱印箱」に収納されている重要史料等を対象とした虫干し作業を毎年継続的に実施していたのです。

【参考文献】

神奈川県立金沢文庫企画展図録『十五代執権　金沢貞顕の手紙』（神奈川県立金沢文庫、二〇〇四年）
黒羽町芭蕉の館編『改訂版　関ヶ原合戦と大関氏』（黒羽町教育委員会、二〇〇四年）
小和田哲男『戦争の日本史15　秀吉の天下統一戦争』（吉川弘文館、二〇〇六年）

大関氏系図

増次《ますつぐ》＝高増《たかます》（大田原資清の男）
- 晴《はる》増 ― ②政《まさ》増 ― ③高増
  - ④増親《ちか》
  - ⑤増栄《なが》 ― 増茂《しげ》（早世） ― ⑥増恒《つね》 ― ⑦増興《おき》 ― ⑧増備《とも》 ― ⑨増輔《すけ》 ― ⑩増陽《はる》 ＝ ⑪増業《なり》（加藤泰衛の男） ＝ ⑫増儀《のり》（増陽の男） ― ⑬増昭《あきら》 ＝ ⑭増徳《よし》（青山忠良の男） ＝ ⑮増裕《ひろ》（西尾忠善の世子忠宝の男） ＝ ⑯増勤《とし》（松平頼縄の甥）
- 清《きよ》増
- ①資《すけ》増

（①〜⑯は黒羽藩歴代藩主）

【著　者】
新井　敦史　あらい　あつし
1967年生まれ。筑波大学大学院博士課程歴史・人類学研究科単位取得退学。
現在、大田原市黒羽芭蕉の館学芸員
[主な著書・論文]
『喜連川町史第二巻資料編2　古代・中世』（共著、喜連川町、2001年）、『鹿沼市史通史編　原始・古代・中世』（共著、鹿沼市、2004年）、『栃木県の歴史散歩』（共著、山川出版社、2007年）、『下野国黒羽藩主大関氏と史料保存―「大関家文書」の世界を覗く』（随想舎、2007年）
「中世後期の日光山坊舎」（『史境』29号、1994年）、「室町期日光山の組織と運営」（『古文書研究』40号、1995年）、「下野国黒羽藩主大関氏による史料保存と『大関家文書』の存在形態」（『日本史学集録』25号、2002年）、「戦国末期～豊臣期における下野黒羽大関氏の権力構造」（『歴史と文化』13号、2004年）
[住所]〒320-0818　栃木県宇都宮市旭1-3-12　セレナハイム501

武士と大名の古文書入門
2009年11月10日　第1刷発行

著　者　新井敦史
発行者　天野清文
発行所　天野出版工房
〒410-0048　静岡県沼津市新宿町19番地4
電話・FAX　055(921)1412
http://www.amano-books.com/
発売所　株式会社 吉川弘文館
〒113-0033　東京都文京区本郷7丁目2番8号
電話 03(3813)9151〈代表〉
振替口座 00100-50244
http://www.yoshikawa-k.co.jp/
装　幀　株式会社バンブーデザイン企画室
組　版　有限会社 文美(あやび)
印　刷　不二精版印刷株式会社
製　本　協栄製本株式会社

ISBN978-4-642-08028-6 C1021